Die schönsten Backstubenrezepte

für:

4. Auflage

VPM Verlagsunion Pabel Moewig KG, Rastatt
© Copyright by Ceres Verlag Rudolf August Oetker KG, Bielefeld

Illustrationen: Dr. Oetker-Museum, Bielefeld
Umschlaggestaltung: Werbeagentur Zeuner, Ettlingen
Redaktion: Gisela Knutzen, Bielefeld
Manuskript: Annette Elges, Bielefeld
Druck und Bindung: Mohndruck Graphische Betriebe, Gütersloh

Printed in Germany 1998
ISBN 3-8118-1323-4

Dr. Oetker

Die schönsten Backstuben- rezepte

MOEWIG

INHALT

KLEINGEBÄCK
SEITE 9

PLÄTZCHEN
SEITE 33

TORTEN UND KUCHEN
SEITE 59

VORWORT

Jede Generation hat eine Anzahl von
Backrezepten, die erhalten bleiben
sollten. Die schönsten von Dr. Oetker
sind hier zusammengefaßt. Würzige
Printen, Marmorguglhupf, Berliner
Apfeltorte, Savarin mit Erdbeeren
und Engadiner Mandelscheiben sind
nur einige Beispiele.

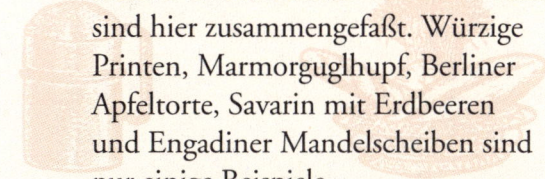

Aber nicht nur die Rezepte, sondern
auch die vielen Illustrationen aus
der guten alten Zeit werden Sie schon
beim Durchblättern gefangen nehmen.

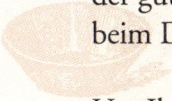

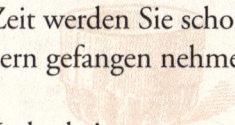

Um Ihnen das Nacharbeiten zu
erleichtern, wurden die Rezepte in
der Dr. Oetker Versuchsküche auf
die heutige Arbeitsweise ausgerichtet.

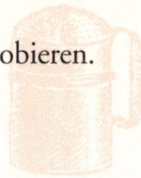

Viel Spaß beim Ausprobieren.

KLEINGEBÄCK

Tele-Happen

	Für den Teig
200 g Bienenhonig	
100 g Butter oder Margarine	
125 g Zucker	langsam erwärmen, zerlassen, erkalten lassen
2 Eier	
20 g Kakao	
½ Teel. gemahlener Zimt	
½ Teel. gemahlene Nelken	
1 gestrichener Teel. Ingwerpulver	
2 Tropfen Backöl Bittermandel	die Zutaten mit der Honigmasse verrühren
375 g Weizenmehl	
1 Päckchen Backpulver Backin	mischen, sieben, eßlöffelweise unter den Teig rühren
60 g kandierten Ingwer	in kleine Stücke schneiden
50 g zartbittere Schokolade	fein hacken
50 g Korinthen	waschen, gut abtropfen lassen
	die Zutaten unterheben, den Teig etwa ½ cm dick auf ein gefettetes Backblech streichen
Gas:	3–4
Strom:	175–200
Backzeit:	25–30 Minuten
	das erkaltete Gebäck in Streifen, Rechtecke oder Dreiecke schneiden
	für den Guß
200 g Puderzucker	sieben, mit
2–3 gestrichenen Eßl. Kakao	
3–4 Eßl. heißem Wasser	glattrühren, so daß eine dickflüssige Masse entsteht, die Happen damit bestreichen, mit
Mandel-, Haselnuß- und Walnußkernen	garnieren.

Zwetschen-Krapfen

Für den Teig

500 g Weizenmehl
in eine Schüssel sieben, mit

1 Päckchen Dr. Oetker
Hefe
sorgfältig vermischen

30 g Zucker
1 Päckchen Vanillin-
Zucker
100 g zerlassene Butter
oder Margarine, z. B.
Sanella
3 Eier
1/8 l lauwarme Milch
hinzufügen, alles mit einem elektrischen Handrührgerät mit Knethaken zuerst auf der niedrigsten, dann auf der höchsten Stufe in etwa 5 Minuten zu einem Teig verarbeiten, an einem warmen Ort so lange stehenlassen, bis er etwa doppelt so hoch ist

für die Füllung

20 Zwetschen
waschen, abtropfen lassen, entsteinen, mit

15 g Zucker
bestreuen

75 g Marzipan-Rohmasse
mit

25 g gesiebtem
Puderzucker
verkneten, daumendicke Rollen daraus formen,
in 20 gleichgroße Scheiben schneiden
die Zwetschen mit je 1 Marzipanscheibe füllen,
etwas zusammendrücken, rund formen
den Hefeteig dann mit dem Handrührgerät auf
der höchsten Stufe nochmals gut durchkneten,
zu einer Rolle formen, in 20 gleichgroße Scheiben schneiden, etwas flachdrücken, auf jede
Teigscheibe 1 Zwetsche legen, die Teigecken
darüber zusammendrücken, rund formen
die Teigbällchen auf ein bemehltes Teigbrett legen, nochmals an einem warmen Ort stehenlassen, bis sie etwa doppelt so hoch sind
die Bällchen schwimmend in siedendem

Ausbackfett (Speiseöl,
Schweineschmalz oder
Kokosfett)
auf beiden Seiten hellbraun backen, mit einem

Schaumlöffel herausnehmen, auf einem Kuchenrost abtropfen lassen

125 g Zucker   mit
2 Messerspitzen
gemahlenem Zimt   mischen, die Krapfen darin wälzen.

Stachelbeeren in Baisertörtchen

Für die Füllung

500 g Stachelbeeren entstielen, die Blüten entfernen, waschen, gut abtropfen lassen, mit

1 Eßl. Wasser
150 g Zucker bei starker Hitze unter häufigem Umrühren gar dünsten lassen (sie dürfen jedoch nicht zerfallen), zum Abtropfen auf ein Sieb geben, von dem aufgefangenen Saft ¼ l abmessen (evtl. mit Wasser ergänzen)
Stachelbeeren und Saft erkalten lassen

für die Baisermasse

2 Eiweiß steif schlagen, es muß so fest sein, daß ein Messerschnitt sichtbar bleibt, darunter nach und nach eßlöffelweise

100 g Zucker schlagen
die Masse in einen Spritzbeutel mit gezackter Tülle füllen, Törtchen (Durchmesser etwa 7 cm, Randhöhe etwa 2 cm) und Tupfen als Hütchen auf ein mit Alufolie belegtes Backblech spritzen

Gas: 25 Minuten 1, dann 25 Minuten aus
Strom: 100–125
Backzeit: Etwa 50 Minuten

die Törtchen gut auskühlen lassen, evtl. in einer gut schließenden Dose aufbewahren
kurz vor dem Servieren die Stachelbeeren in die Törtchen füllen

den Guß mit

1 Päckchen Tortenguß
klar und dem abgemessenen Saft (ohne Zuckerzugabe) nach der Vorschrift auf dem Päckchen zubereiten, über die Stachelbeeren verteilen, die Hütchen darauf setzen.

Mandelschnitten

	Für den Teig
4 Eigelb	
2 Eßl. warmes Wasser	schaumig schlagen, nach und nach $^2/_3$ von
100 g Zucker	
1 Päckchen Vanillin-Zucker	
$^1/_2$ Fläschchen Rum-Aroma	
2 Tropfen Backöl Bittermandel	hinzugeben, so lange schlagen, bis eine creme-artige Masse entstanden ist
4 Eiweiß	steif schlagen, nach und nach den Rest des Zuckers unterschlagen, den Schnee auf die Eigelbcreme geben
50 g abgezogene, gemahlene Mandeln	
50 g geriebene Schokolade	
50 g Semmelmehl	
50 g Speisestärke	
(z. B. Gustin)	mischen, nach und nach vorsichtig unter die Eigelbcreme ziehen (nicht rühren)

den Teig etwa 1 cm dick auf ein gefettetes, mit Pergamentpapier belegtes Backblech streichen, an der offenen Seite des Blechs das Papier unmittelbar vor dem Teig zu einer Falte knicken, so daß ein Rand entsteht, sofort backen

Gas:	5 Minuten vorheizen 3 $^1/_2$ –4, backen 3–4
Strom:	200–225
Backzeit:	10–15 Minuten

4 Eßl. Aprikosen-Konfitüre	durch ein Sieb streichen, mit
2 Eßl. Rum	
2 Eßl. Wasser	verrühren, einmal aufkochen lassen

den Biskuit sofort nach dem Backen gleichmäßig damit bestreichen, erkalten lassen

für den Guß

100 g Schokolade	in kleine Stücke brechen, in einem kleinen Topf im Wasserbad oder auf der Automatikplatte bei

schwacher Hitze zu einer geschmeidigen Masse
verrühren, von

15 g zerlassenem
Kokosfett

nur so viel hinzugeben, daß der Guß gut streich-
fähig ist, ihn auf die Aprikosenschicht streichen,
kurz antrocknen lassen
mit einem Messer etwa 5 × 5 cm große Vierecke
in den Schokoladenguß ziehen
die Vierecke in der Mitte mit

abgezogenen, halbierten
Mandeln

belegen
sobald der Guß fest ist, das Gebäck mit einem in
heißes Wasser getauchten Messer auseinander-
schneiden.

Anmerkung: Die Mandelschnitten bleiben, wenn
sie in Alufolie gewickelt und kühl aufbewahrt
werden, einige Tage frisch.

Nikolausstiefel

Für den Teig

125 g Bienenhonig
60 g Margarine,
z. B. Sanella
50 g Zucker
1 Päckchen Vanillin-
Zucker

langsam erwärmen, zerlassen, in eine Rührschüssel geben, kalt stellen
unter die fast erkaltete Masse nach und nach

1 Eigelb
1 Messerspitze gemahlenen Zimt
1 Messerspitze gemahlene Nelken

geben

250 g Weizenmehl
6 g (2 gestrichene Teel.) Backpulver Backin
10 g (1 gestrichener Eßl.) Kakao

mit

mischen, sieben, $^2/_3$ davon unterrühren, den Rest des Mehls unterkneten
den Teig gut $^1/_2$ cm dick ausrollen, Stiefel von gewünschter Größe (am besten nach Papierschablone) ausschneiden, aus dem restlichen Teig nach Belieben Plätzchen ausstechen, auf ein gefettetes Backblech legen

Gas: 5 Minuten vorheizen 3–4, backen 3–4
Strom: 175–200
Backzeit: Etwa 15 Minuten

für den Guß

100 g Puderzucker sieben, mit
Eiweiß glattrühren, nur so viel Eiweiß verwenden, daß eine dickflüssige Masse entsteht
die Stiefel mit dem Guß verzieren (am besten mit Hilfe eines Pergamentpapiertütchens), mit

bunten Süßigkeiten garnieren
die Plätzchen ebenfalls verzieren, evtl. als Adventsschmuck verwenden.

17

Sahneringe

Für den Teig

⅛ l Wasser
25 g Butter oder
Margarine, z. B. Sanella

am besten in einem Stieltopf zum Kochen bringen

75 g Weizenmehl
20 g Speisestärke, z. B. Gustin

mischen, sieben, auf einmal in die von der Kochstelle genommene Flüssigkeit schütten, zu einem glatten Kloß rühren, unter Rühren etwa 1 Minute erhitzen, den heißen Kloß sofort in eine Rührschüssel geben, nach und nach

2–3 Eier

unterrühren, weitere Eizugabe erübrigt sich, wenn der Teig stark glänzt und so vom Löffel fällt, daß lange Spitzen hängenbleiben

1 ½ g (½ gestrichener Teel.) Backpulver Backin

in den erkalteten Teig rühren
den Teig in einen Spritzbeutel (weite Tülle) füllen, in Form von Ringen (Durchmesser etwa 7 cm) auf ein gefettetes, mit Weizenmehl bestäubtes Backblech spritzen

Gas: 5 Minuten vorheizen 4–5, backen 4–5
Strom: 200–225
Backzeit: 25–30 Minuten

während der ersten 15 Minuten Backzeit die Backofentür nicht öffnen, da das Gebäck sonst zusammenfällt
sofort nach dem Backen die Ringe aufschneiden

für die Füllung

175 g Mandarinenspalten
(aus der Dose) abtropfen lassen
¼ l Sahne ½ Minute schlagen
25 g (1 gut gehäufter
Eßl.) Zucker
1 Päckchen Vanillin-
Zucker
1 Päckchen Sahnesteif mischen, einstreuen, die Sahne steif schlagen
3 Eßl. Mandarinensaft vorsichtig unterziehen
die Unterteile der Ringe mit etwas Sahne be-
spritzen, die Mandarinenspalten darauf verteilen,
die restliche Sahne darüber spritzen, die Ober-
teile der Ringe darauf legen, leicht mit
Puderzucker bestäuben.

Hefeschnecken

Für den Teig
500 g Weizenmehl in eine Rührschüssel sieben, mit
1 Päckchen Dr. Oetker
Hefe
50 g Zucker sorgfältig vermischen
1 Päckchen Vanillin-
Zucker
Salz
100 g zerlassene Butter
oder Margarine
2 Eier
⅛ l lauwarme Milch hinzufügen, alles mit einem elektrischen Handrührgerät mit Knethaken zuerst auf der niedrig-
sten, dann auf der höchsten Stufe in etwa 5 Minuten zu einem Teig verarbeiten, an einem warmen Ort so lange stehenlassen, bis er etwa doppelt so hoch ist, ihn dann mit dem Handrührge-

rät auf der höchsten Stufe nochmals gut durchkneten
den Teig zu einem Rechteck von etwa
45 × 35 cm ausrollen, mit

30 g weicher Butter bestreichen

für die Füllung

50 g Korinthen
50 g Rosinen waschen, gut abtropfen lassen, mit
50 g Zucker
1 Päckchen Vanillin-
Zucker
50 g abgezogenen, ge-
hackten Mandeln mischen, auf den Teig streuen, von der kürzeren
Seite her aufrollen, mit einem scharfen Messer
etwa 1 ½ cm breite Stücke von der Rolle abschneiden, auf ein gefettetes Backblech legen,
leicht flachdrücken
den Teig nochmals an einem warmen Ort stehenlassen, bis er etwa doppelt so hoch ist, ihn
erst dann in den Backofen schieben

Gas: 3–4
Strom: 175–200
Backzeit: 15–20 Minuten

für den Guß
175 g Puderzucker sieben, mit
etwa 2 Eßl. Zitronensaft glattrühren, so daß eine dickflüssige Masse entsteht
die Schnecken sofort nach dem Backen damit bestreichen.

Marzipan-Kaffeeschnitten

Für den Teig

250 g Weizenmehl
1 ½ g (½ gestrichener
Teel.) Backpulver Backin mischen, auf die Tischplatte sieben, in die Mitte
eine Vertiefung eindrücken

75 g Zucker	
1 Päckchn Vanillin-Zucker	
1 Ei	hineingeben, mit einem Teil des Mehls zu einem dicken Brei verarbeiten
125 g kalte Butter oder Margarine, z. B. Sanella	in Stücke schneiden, auf den Brei geben, mit Mehl bedecken, von der Mitte aus alle Zutaten schnell zu einem glatten Teig verkneten, sollte er kleben, ihn eine Zeitlang kalt stellen den Teig zu einem Rechteck von 40 × 32 cm ausrollen, 8 Streifen (20 × 8 cm) daraus schneiden, auf ein Backblech legen, hellgelb backen
Gas:	5 Minuten vorheizen 3–4, backen 3–4
Strom:	175–200
Backzeit:	Etwa 15 Minuten
4 Eßl. Marmelade	die Gebäckstreifen mit bestreichen
	für den Belag
125 g Butter	
125 g Marzipan-Rohmasse	mit einem elektrischen Handrührgerät mit Rührbesen zu einer geschmeidigen Masse verrühren nach und nach
100 g Zucker	
1 Päckchen Vanillin-Zucker	
2 Eier	
abgeriebene gelbe Schale von ½ Zitrone (ungespritzt)	hinzufügen
250 g Weizenmehl	mit
1 Messerspitze Backpulver Backin	mischen, sieben, eßlöffelweise unterrühren die Masse in einen Spritzbeutel mit gezackter

Tülle füllen, beliebige Muster auf die Gebäck-
streifen spritzen

Gas: 3–4
Strom: 175–200
Backzeit: Etwa 20 Minuten

das Gebäck sofort nach dem Backen in schmale
Streifen schneiden.

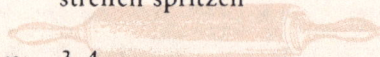

Apfeltaschen

1 Packung (300 g)
Tiefkühlkost Blätterteig   bei Zimmertemperatur auftauen lassen (den Teig
nicht noch einmal durchkneten)

für die Füllung

25 g Rosinen   waschen, gut abtropfen lassen
375 g Äpfel   schälen, vierteln, entkernen, in Stücke schneiden,
25 g Zucker   mit und den Rosinen unterrühren, leicht dünsten,
etwas abkühlen lassen, mit
Zucker   abschmecken
den Teig knapp $\frac{1}{2}$ cm dick ausrollen, runde Platten (Durchmesser etwa 10 cm) ausstechen, die
Ränder der Teigplatten mit
Dosenmilch   bestreichen, die eine Hälfte jeder Teigplatte mit
etwas von der Füllung belegen, die andere Teig-
hälfte darüber klappen, am Rand gut andrücken

die Apfeltaschen auf ein mit kaltem Wasser abge-
spültes Backblech legen, dünn mit Dosenmilch
bestreichen

Gas: 5 Minuten vorheizen 4–5, backen 4–5
Strom: 200–225
Backzeit: Etwa 20 Minuten

50–75 g Puderzucker
etwa 1 Eßl. Zitronensaft

für den Guß
sieben, mit
glattrühren, so daß eine dickflüssige Masse entsteht, die noch warmen Apfeltaschen damit bestreichen.

Aprikosenkränzchen

150 g Weizenmehl

Für den Teig
auf die Tischplatte sieben, in die Mitte eine Vertiefung eindrücken

1 Päckchen Vanillin-
Zucker
Salz
150 g Speisequark
150 g kalte, in Stücke
geschnittene Butter oder
Margarine

hineingeben
das Fett mit Mehl bedecken, von der Mitte aus
alle Zutaten schnell zu einem glatten Teig verkneten, sollte er zu weich sein, evtl. noch etwas
Mehl unterkneten, ihn eine Stunde im Kühlschrank ruhen lassen

für die Füllung

250 g Aprikosen
(aus der Dose)

abtropfen lassen
jeweils die Hälfte des Teiges zu einem Rechteck
von 40 × 20 cm ausrollen, der Länge nach in gut

23

1 cm breite Streifen schneiden, je 2 Teigstreifen umeinanderschlingen, zu einer Schnecke zusammenrollen (die Enden etwas einschlagen), die Mitte etwas flachdrücken, je 1 Aprikosenhälfte darauf legen, die Kränzchen auf ein gefettetes Backblech setzen

Gas:	3 $^1/_2$–4 $^1/_2$
Strom:	200–225
Backzeit:	Etwa 25 Minuten

für den Guß

75 g Puderzucker
etwa 1 Eßl. Zitronensaft

sieben, mit
verrühren, so daß eine dickflüssige Masse entsteht, die noch heißen Kränzchen damit bestreichen.

Quarktaschen

150 g Weizenmehl

Für den Teig
auf die Tischplatte sieben, in die Mitte eine Vertiefung eindrücken

1 Päckchen Vanillin-
Zucker
Salz
150 g Speisequark
150 g kalte, in Stücke ge-
schnittene Butter oder
Margarine, z. B. Sanella

hineingeben
das Fett mit Mehl bedecken, von der Mitte aus alle Zutaten schnell zu einem glatten Teig verkneten, sollte er zu weich sein, evtl. noch etwas Mehl unterkneten, ihn eine Stunde im Kühlschrank ruhen lassen

KLEINGEBÄCK

	für die Füllung
250 g Speisequark	mit
50 g Zucker	
1 Päckchen Vanillin-Zucker	
1 Eiweiß	verrühren
30 g Rosinen	waschen, gut abtropfen lassen, unterrühren die Hälfte des Teiges zu einem Viereck von 30 × 30 cm ausrollen, in Quadrate von 10 × 10 cm schneiden, jedes Teigstück in der Mitte mit etwas von der Füllung belegen
1 Eigelb	mit
1 ½ Eßl. Milch	verschlagen, die Teigränder damit bestreichen die Teigstücke zu Taschen zusammenschlagen, mit dem verschlagenen Eigelb bestreichen, den restlichen Teig ausrollen, in schmale Streifen schneiden, je 2 davon über Kreuz auf jede Tasche legen, ebenfalls mit der Eigelbmilch bestreichen

Gas:	3–4
Strom:	200–225
Backzeit:	Etwa 25 Minuten.

Kaffeegebäck

1 Packung (300 g) Tief-kühlkost Blätterteig	bei Zimmertemperatur auftauen lassen (den Teig nicht noch einmal durchkneten) den Teig zu einem Rechteck von 24 × 32 cm ausrollen, mit einem Kuchenrädchen in Vierecke von 8 × 8 cm teilen, die Teigstücke in der Mitte mit
Konfitüre	bestreichen zu beliebigen Formen, Dreiecken, Kuverts usw. zusammenschlagen, auf ein mit kaltem Wasser abgespültes Backblech legen, dünn mit
Dosenmilch	bestreichen
Gas:	5 Minuten vorheizen 4–5, backen 4–5
Strom:	200–225
Backzeit:	15–20 Minuten
	für den Guß
50–75 g Puderzucker etwa 1 Eßl. heißem Wasser	sieben, mit glattrühren, so daß eine dickflüssige Masse entsteht, das noch warme Kaffeegebäck damit bestreichen.

26

Rhabarbertörtchen

Für den Teig

150 g Weizenmehl	
1 ½ g (½ gestrichener Teel.) Backpulver Backin	mischen, auf eine Tischplatte sieben, in die Mitte eine Vertiefung eindrücken
75 g Zucker	
1 Päckchen Vanillin-Zucker	
1 Ei	hineingeben, mit einem Teil des Mehls zu einem dicken Brei verarbeiten
75 g kalte Butter oder Margarine, z. B. Sanella	in Stücke schneiden, auf den Brei geben, mit Mehl bedecken, von der Mitte aus alle Zutaten schnell zu einem glatten Teig verkneten, sollte er kleben, ihn eine Zeitlang kalt stellen

den Teig etwa 3 mm dick ausrollen, mit einer runden Form (Durchmesser etwa 10 cm) ausstechen, auf ein gefettetes Backblech legen, mehrmals mit einer Gabel einstechen

Gas:	5 Minuten vorheizen 3–4, backen 3–4
Strom:	175–200
Backzeit:	10–15 Minuten

zum Bestreichen

30 g Kuvertüre	im Wasserbad oder auf der Automatikplatte bei schwacher Hitze zu einer geschmeidigen Masse verrühren, die erkalteten Plätzchen am Rand etwa 1 cm breit damit bestreichen

für den Belag

750 g Rhabarber	waschen, abtrocknen, in etwa 2 cm lange Stücke schneiden, dicke Stangen der Länge nach halbieren (nicht abziehen), mit
150 g Zucker	bestreuen, sobald der Rhabarber Saft gezogen hat, ihn bei starker Hitze zum Kochen bringen, bei schwacher Hitze weich dünsten (er darf nicht zerfallen), etwas abkühlen und abtropfen lassen, ¼ l von dem Saft abmessen

den Guß mit

1 Päckchen Tortenguß, rot
25 g Zucker

und dem abgemessenen Saft nach der Vorschrift
auf dem Päckchen zubereiten
den Rhabarber in die Mitte der Plätzchen geben,
den Guß gleichmäßig darüber verteilen

¼ l Sahne
1 Päckchen Vanillin-
Zucker
1 Päckchen Sahnesteif

½ Minute schlagen

mischen, einstreuen, die Sahne steif schlagen, in
einen Spritzbeutel mit gezackter Tülle füllen, um
den Rhabarber einen etwa 2 cm hohen Ring
spritzen, so daß der Kuvertürerand noch zu se-
hen ist.

Marzipan-Säckchen

Vorarbeit: Aus Alufolie (evtl. doppelt legen) 10
Förmchen formen, dazu 10 Scheiben (Durchmesser etwa 15 cm) ausschneiden, einzeln über den
Boden eines Joghurtbechers legen, andrücken
und abziehen.

Für den Teig

1 Ei
3 Eßl. warmes Wasser
75 g Zucker
1 Päckchen Vanillin-
Zucker

schaumig schlagen, nach und nach

hinzugeben, so lange schlagen, bis eine cremeartige Masse entstanden ist

100 g Weizenmehl
3 g (1 gestrichener Teel.)
Backpulver Backin

mischen, darüber sieben, vorsichtig unter die Ei-
creme ziehen (nicht rühren)
von dem Teig jeweils 2 gehäufte Teel. in ein gefettetes Förmchen füllen, die Förmchen auf ein
Backblech setzen, sofort backen

KLEINGEBÄCK

Gas: 3–4
Strom: 175–200
Backzeit: Etwa 15 Minuten

sofort nach dem Backen das Gebäck mit einem spitzen Messer vom Förmchenrand lösen, die Folie vorsichtig abziehen, die Törtchen gut auskühlen lassen

für die Füllung

1 Päckchen Soßen-Pulver für Schokoladen-Soße
25 g (1 gut gehäufter Eßl.) Zucker
⅛ l kalter Milch

mit 3 Eßl. von anrühren, die restliche Milch zum Kochen bringen, in die von der Kochstelle genommene Milch das angerührte Soßen-Pulver rühren, kurz aufkochen lassen, während des Erkaltens ab und zu durchrühren

65 g Butter oder Margarine, z. B. Sanella

schaumig rühren, darunter eßlöffelweise die Creme geben
die Törtchen einmal durchschneiden, die untere Hälfte mit Creme bestreichen, mit der oberen Hälfte bedecken
den Rand der Törtchen ebenfalls mit Creme bestreichen

125 g Puderzucker sieben, mit
200 g Marzipan-Rohmasse verkneten, dünn ausrollen, in 10 Streifen von etwa 9 cm Breite und etwa 18 cm Länge schneiden
jedes Törtchen so auf einen Marzipanstreifen legen, daß am unteren Törtchenrand etwa 2 cm und am oberen etwa 3 cm frei bleiben
die Törtchen einwickeln, dabei Anfang und Ende mit

etwas Wasser bepinseln, gut andrücken
den schmaleren Marzipanstreifen am Törtchenboden andrücken, die Törtchen aufrecht stellen, das überstehende Marzipan leicht zusammendrücken, so daß der Eindruck eines zugebundenen Säckchens entsteht
die Marzipan-Säckchen leicht mit

Kakao bestäuben, kalt stellen.

Eiserkuchen mit Johannisbeeren

Für den Teig

60 g Butter oder Margarine, z. B. Sanella	
125 g Zucker	
1 Päckchen Vanillin-Zucker	schaumig rühren, nach und nach
1 Ei	hinzugeben
125 g Weizenmehl	sieben, abwechselnd mit
¼ l Milch	unterrühren

den Teig in nicht zu großer Menge in ein gut erhitztes, gefettetes Eiserkucheneisen füllen, von beiden Seiten goldbraun backen
die Blättchen schnell aus dem Eisen lösen, noch heiß zu Röllchen oder Tüten wickeln
damit die Eiserkuchen knusprig bleiben, sie in gut schließenden Blechdosen aufbewahren

für die Füllung

250 g Johannisbeertrauben	waschen, gut abtropfen lassen, abstreifen

die Beeren in einen elektrischen Mixbecher geben, so lange schlagen lassen, bis ein einheitlicher Brei entstanden ist
bei Verwendung eines elektrischen Handrührgerätes – die Beeren in eine Rührschüssel geben, zunächst auf niedrigster Stufe zerkleinern, dann bei höchster Einstellung so lange verrühren, bis ein einheitlicher Brei entstanden ist
den Johannisbeerbrei durch ein Sieb streichen

¼ l Sahne	½ Minute schlagen
50 g Zucker	
1 Päckchen Vanillin-Zucker	
2 Päckchen Sahnesteif	mischen, unter ständigem Schlagen einstreuen, die Sahne steif schlagen

den Johannisbeerbrei vorsichtig unterheben, gut gekühlt zu den Eiserkuchen reichen oder in die Tüten füllen.

31

PLÄTZCHEN

Makronen-Plätzchen

Für den Teig

250 g Weizenmehl
1 ½ g (½ gestrichener
Teel.) Backpulver Backin   mischen, auf die Tischplatte sieben, in die Mitte
eine Vertiefung eindrücken

75 g Zucker
1 Päckchen Vanillin-
Zucker
3 Eigelb   hineingeben, mit einem Teil des Mehls zu einem
dicken Brei verarbeiten

125 g kalte Butter oder
Margarine, z. B. Sanella   in Stücke schneiden, auf den Brei geben, mit
Mehl bedecken, von der Mitte aus alle Zutaten
schnell zu einem glatten Teig verkneten, sollte er
kleben, ihn eine Zeitlang kalt stellen
den Teig dünn ausrollen, mit einer runden, ge-
zackten Form (Durchmesser etwa 4 cm) ausstechen, auf ein Backblech legen

für den Belag
3 Eiweiß   steif schlagen, es muß so fest sein, daß ein Messerschnitt sichtbar bleibt, darunter nach und
nach

175 g Zucker
1 Messerspitze gemahlenen
Zimt   schlagen
200 g abgezogene, gemah-
lene Mandeln
2 Tropfen Backöl Bitter-
mandel   unterheben
die Masse mit einem Teelöffel auf die Teigplätz-
chen setzen

Gas: 5 Minuten vorheizen 3–4, backen 3–4
Strom: 175–200
Backzeit: Etwa 10 Minuten.

Zimt-und Nußbricelets (kleine Waffeln)

150 g Butter oder Marga-
rine, z. B. Sanella
150 g Zucker
1 Päckchen Vanillin-
Zucker
3 Eier

schaumig rühren, nach und nach

10 g gemahlenen Zimt
1 Messerspitze gemahlenen
Kardamom
300 g Weizenmehl

hinzugeben
sieben, eßlöffelweise unterrühren, unter die
Hälfte des Teiges

50 g gemahlene Hasel-
nußkerne

rühren
die beiden Teigsorten eine Zeitlang kalt stellen,
aus dem Teig daumendicke Rollen formen,
knapp 2 cm lange Stücke davon abschneiden, zu
Kugeln rollen, wieder kalt stellen
je 1 Kugel in die Mitte eines leicht gefetteten, gut
erhitzten Eierkucheneisens legen, von beiden
Seiten goldbraun backen.

Eierkränzchen

250 g Butter oder Marga-
rine, z. B. Sanella
125 g Zucker
2 Päckchen Vanillin-
Zucker
1 Ei
3 Eigelb

Für den Teig

schaumig rühren, nach und nach

hinzugeben

PLÄTZCHEN

250 g Weizenmehl
150 g Speisestärke (z. B.
Gustin)   mischen, sieben, eßlöffelweise unterrühren
den Teig in einen Spritzbeutel (mit gezackter
Tülle) füllen, in Form von Kränzchen (Durchmesser etwa 4 cm) auf ein gefettetes Backblech
spritzen

für den Belag

200 g Belegkirschen   in Streifen schneiden, die Teigkränzchen damit
belegen

Gas: 5 Minuten vorheizen 3–4, backen 3–4
Strom: 175–200
Backzeit: Etwa 12 Minuten.

Kokoskränzchen

	Für den Teig
150 g Butter oder Margarine, z. B. Sanella	schaumig rühren
100 g Puderzucker	sieben, nach und nach mit
1 Päckchen Vanillin-Zucker	
3 Eigelb	hinzugeben
250 g Weizenmehl	
1 Messerspitze Backpulver Backin	mischen, sieben, eßlöffelweise unterrühren, den Teig in einen Spritzbeutel (mit gezackter Tülle) füllen, in Form von Kränzchen (Durchmesser etwa 4 cm) auf ein gefettetes Backblech spritzen
	für die Füllung
3 Eiweiß	steif schlagen, es muß so fest sein, daß ein Messerschnitt sichtbar bleibt, darunter nach und nach
100 g Zucker	
1 Päckchen Vanillin-Zucker	
abgeriebene gelbe Schale von 1 Zitrone (ungespritzt)	schlagen
200 g Kokosraspeln	unterheben die Mitte jedes Teigkränzchens mit der Kokosmasse füllen
Gas:	5 Minuten vorheizen 3–4, backen 3–4
Strom:	175–200
Backzeit:	Etwa 15 Minuten.

Mandel-Honig-Schnitten

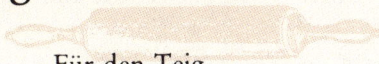

Für den Teig

300 g Weizenmehl
6 g (2 gestrichene Teel.)
Backpulver Backin — mischen, auf die Tischplatte sieben, in die Mitte eine Vertiefung eindrücken

100 g Zucker
1 Päckchen Vanillin-Zucker
einige Tropfen Backöl Zitrone
Salz
1 Ei — hineingeben, mit einem Teil des Mehls zu einem dicken Brei verarbeiten

125 g kalte Butter oder Margarine, z. B. Sanella — in Stücke schneiden, auf den Brei geben, mit Mehl bedecken, von der Mitte aus alle Zutaten schnell zu einem glatten Teig verkneten, sollte er kleben, ihn eine Zeitlang kalt stellen
den Teig auf einem gefetteten Backblech ausrollen, hellgelb backen

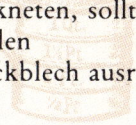

Gas: 3–4
Strom: 175–200
Backzeit: Etwa 20 Minuten

für den Belag

100 g Zucker
75 g Bienenhonig
30 g Butter oder Margarine, z. B. Sanella
3 Eßl. kalte Milch — in einem kleinen Topf langsam erwärmen, zerlassen, kurz aufkochen lassen

2–3 Tropfen Backöl Bittermandel
150 g abgezogene, gehobelte Mandeln
60 g gehackte Haselnußkerne
6 kleingeschnittene Belegkirschen

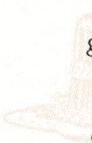

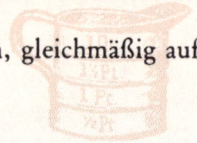

30 g gewürfelte Sukkade (Zitronat)	hinzugeben, unterrühren die Masse etwas erkalten lassen, gleichmäßig auf den Gebäckboden streichen

Gas:	3–4
Strom:	175–200
Backzeit:	Etwa 10 Minuten

das etwas erkaltete Gebäck in Vierecke (etwa 4 × 4 cm) schneiden

für den Guß

200 g Puderzucker	
30 g Kakao	mischen, sieben, mit
4 Eßl heißem Wasser	glattrühren, so daß eine dickflüssige Masse entsteht
30 g Kokosfett	zerlassen, unterrühren je zwei gegenüberliegende Seiten der Mandelschnitten in den Guß tauchen.

Würzige Printen

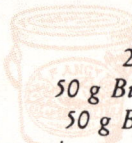

200 g Sirup	
50 g Bienenhonig	
50 g Butter oder Margarine, z. B. Sanella	langsam erwärmen, zerlassen, in eine Rührschüssel geben, kalt stellen
50 g braunen Kandiszucker (Grümmel)	mit
50 g Rohzucker	
1 gestrichenen Teel. gemahlenem Zimt	
¹/₂ gestrichenen Teel. gemahlenen Nelken	
¹/₂ gestrichenen Teel. Anissamen	

PLÄTZCHEN

1 Messerspitze gemahlener
    Muskatblüte
1 Messerspitze gemahle-
    nem Ingwer
1 Messerspitze gemahle-
    nem Kardamom
30 g gewürfeltem
    Orangeat   unter die fast erkaltete Masse rühren

300 g Weizenmehl
9 g (3 gestrichene Teel.)
Backpulver Backin   mischen, sieben, ²/₃ davon eßlöffelweise unterrühren, den Rest des Mehls unter den Teigbrei
kneten, sollte er kleben, ihn eine Zeitlang kalt
stellen, den Teig etwa ¹/₂ cm dick ausrollen, in
Rechtecke von gut 2 × 7 cm schneiden, auf ein
gefettetes Backblech legen, mit

Dosenmilch   bestreichen

Gas: 5 Minuten vorheizen 3–4, backen 3–4
Strom: 175–200
Backzeit: Etwa 10 Minuten

die erkalteten Printen mit 1–2 Scheiben frischem,
in Stücke zerteiltem Brot in eine gut schließende
Dose legen.

Mandelplätzchen

300 g Weizenmehl
1 Messerspitze Backpulver
    Backin   mischen, auf die Tischplatte sieben, in die Mitte
eine Vertiefung eindrücken

100 g Zucker
1 Päckchen Vanillin-

2 Eßl. Rum	hineingeben, mit einem Teil des Mehls zu einem dicken Brei verarbeiten
200 g kalte Butter oder Margarine, z. B. Sanella	in Stücke schneiden, mit
50 g geriebener Schokolade	
100 g abgezogenen, gemahlenen Mandeln	auf den Brei geben, mit Mehl bedecken, von der Mitte aus alle Zutaten schnell zu einem glatten Teig verkneten, sollte er kleben, ihn eine Zeitlang kalt stellen
	den Teig etwa 3 mm dick ausrollen, mit einer runden, gezackten Form (Durchmesser etwa 4 cm) ausstechen, auf ein gefettetes Backblech legen, mit
Dosenmilch	bestreichen, mit
etwa 75 g abgezogenen, gehackten Mandeln	bestreuen

Gas:	5 Minuten vorheizen 3–4, backen 3–4
Strom:	175–200
Backzeit:	10–15 Minuten.

Marzipanmakronen

2 Eiweiß	
200 g Zucker	
200 g Marzipan-Rohmasse	
100 g abgezogene, gemahlene Mandeln	in eine Schüssel geben, mit einem elektrischen Handrührgerät mit Rührbesen zu einer geschmeidigen Masse verrühren, in einen Spritzbeutel mit Lochtülle füllen, in Form von Tuffs auf ein mit gut gefettetem, mit
Weizenmehl	bestreutem Pergamentpapier belegtes Backblech

spritzen oder mit 2 Teelöffeln Häufchen aufsetzen

Gas:	5 Minuten vorheizen 2 $\frac{1}{2}$–3 $\frac{1}{2}$, backen 2 $\frac{1}{2}$–3 $\frac{1}{2}$
Strom:	175–200
Backzeit:	10–15 Minuten.

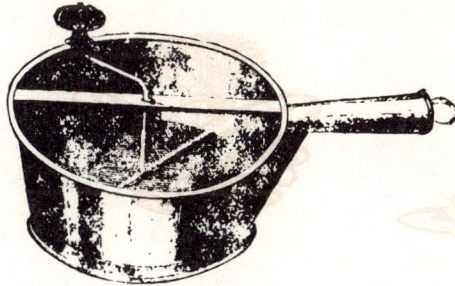

Schneetaler

300 g Weizenmehl	auf die Tischplatte sieben, in die Mitte eine Vertiefung eindrücken
100 g Zucker *1 Päckchen Vanillin-* *Zucker* *275 g in Stücke geschnittene, kalte Butter oder Margarine, z. B. Sanella* *100 g abgezogene, gemahlene Mandeln*	hineingeben, mit Mehl bedecken, von der Mitte aus alle Zutaten schnell zu einem glatten Teig verkneten, sollte er kleben, ihn eine Zeitlang kalt stellen den Teig in kleinen Portionen dünn ausrollen, mit einer runden Form (Durchmesser 4–5 cm) ausstechen, auf ein Backblech legen

Gas:	5 Minuten vorheizen 3–4, backen 3–4
Strom:	175–200
Backzeit:	8–10 Minuten

50–75 g Puderzucker	sieben, mit
1 Päckchen Vanillin- *Zucker*	mischen, das erkaltete Gebäck damit bestäuben.

Orangenplätzchen

	Für den Teig
175 g Butter oder Marga- rine, z. B. Sanella	schaumig rühren, nach und nach
100 g Zucker	
1 Päckchen Vanillin- Zucker	
1 Ei	
1 Fläschchen Backöl Zitrone	hinzugeben
300 g Weizenmehl	sieben, ²/₃ davon eßlöffelweise unterrühren

den Rest des Mehls mit dem Teigbrei zu einem
glatten Teig verkneten, sollte er kleben, ihn eine
Zeitlang kalt stellen
den Teig knapp ¹/₂ cm dick ausrollen, mit einer
runden Form (Durchmesser etwa 4 cm) ausstechen, auf ein gefettetes Backblech legen

Gas:	5 Minuten vorheizen 3–4, backen 3–4
Strom:	175–200
Backzeit:	10–15 Minuten

	für den Guß
175 g Puderzucker	sieben, mit
4–5 Eßl. Grand Marnier oder Zitronensaft	glattrühren, so daß eine dickflüssige Masse ent- steht, die erkalteten Plätzchen damit bestreichen
kandierte Orangenschei- ben	in Stücke schneiden, die Plätzchen damit garnie- ren.

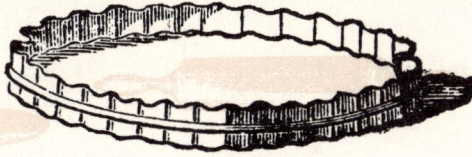

Prager Plätzchen

	Für den Teig
375 g Weizenmehl 3 g (1 gestrichener Teel.) Backpulver Backin	mischen, auf die Tischplatte sieben, in die Mitte eine Vertiefung eindrücken
50 g Zucker 1 Päckchen Vanillin-Zucker 3 Eigelb	hineingeben, mit einem Teil des Mehls zu einem dicken Brei verarbeiten
250 g kalte Butter oder Margarine, z. B. Sanella	in Stücke schneiden, auf den Brei geben, mit Mehl bedecken, von der Mitte aus alle Zutaten schnell zu einem glatten Teig verkneten, sollte er kleben, ihn eine Zeitlang kalt stellen den Teig dünn ausrollen, mit einer runden Form (Durchmesser etwa 4 cm) ausstechen, auf ein Backblech legen
	für den Belag
3 Eiweiß	steif schlagen, es muß so fest sein, daß ein Messerschnitt sichtbar bleibt
200 g Puderzucker	sieben, nach und nach unterschlagen die Masse in einen Spritzbeutel mit Lochtülle füllen, als Tuffs auf die Teigplätzchen spritzen, mit
75 g abgezogenen, gehackten Mandeln	bestreuen
175 g Korinthen	waschen, gut abtropfen lassen, in jedes Plätzchen einige hineindrücken
Gas:	5 Minuten vorheizen 3–4, backen 3–4
Strom:	175–200
Backzeit:	10–15 Minuten.

45

Gefüllte Plätzchen

Für den Teig

250 g Weizenmehl
1 ½ g (½ gestrichener
Teel.) Backpulver Backin

mischen, auf die Tischplatte sieben, in die Mitte
eine Vertiefung eindrücken

75 g Zucker
1 Päckchen Vanillin-
Zucker
Salz
1 Ei

hineingeben, mit einem Teil des Mehls zu einem
dicken Brei verarbeiten

125 g kalte Butter oder
Margarine, z. B. Sanella

in Stücke schneiden, auf den Brei geben, mit
Mehl bedecken, von der Mitte aus alle Zutaten
schnell zu einem glatten Teig verkneten, sollte er
kleben, ihn eine Zeitlang kalt stellen
den Teig messerrückendick ausrollen, mit einer
ovalen Form ausstechen, auf ein gefettetes Backblech legen, goldgelb backen

Gas: 5 Minuten vorheizen 3–4, backen 3–4
Strom: 175–200
Backzeit: 7–10 Minuten

50 g Kokosfett
35 g gesiebtem
Puderzucker
1 Päckchen Vanillin-
Zucker
75 g geriebener
Schokolade
50 g abgezogenen, gemah-
lenen Mandeln
½ Fläschchen Rum-Aroma
1 Ei

für die Füllung
zerlassen, mit

verrühren
die Hälfte der Zungen auf der Unterseite mit der Füllung bestreichen, die andere
Hälfte mit der Unterseite darauf legen

150 g Puderzucker
1 gehäuften Eßl. Kakao
2–3 Eßl. heißem Wasser

für den Guß

mischen, sieben, mit
glattrühren, so daß eine dickflüssige Masse entsteht
die gefüllten Zungen zur Hälfte mit dem Guß überziehen.

Haselnußbrötchen

3 Eiweiß

steif schlagen, es muß so fest sein, daß ein Messerschnitt sichtbar bleibt, nach und nach

200 g Zucker

unterschlagen, 3–4 Eßl. davon abnehmen, unter den restlichen Eierschnee

1 Messerspitze
gemahlenen Zimt
200 g gemahlene,
geröstete Haselnußkerne

heben
die Masse in einen Spritzbeutel mit gezackter Tülle füllen, in Form von Tuffs auf ein mit gut gefettetem Pergamentpapier belegtes Backblech spritzen
den zurückgelassenen Eierschneee in den gesäuberten Spritzbeutel mit Lochtülle füllen, etwas davon auf jeden Tuff spritzen, von

etwa 100 g Haselnußkernen

je 1 Kern hineindrücken

Gas:
Strom:
Backzeit:

1–2
130–150
Etwa 25 Minuten

das Gebäck muß sich beim Herausnehmen aus dem Backofen noch etwas weich anfühlen.

Butterblumen

375 g Weizenmehl 1 Messerspitze Backpulver Backin	mischen, auf die Tischplatte sieben, in die Mitte eine Vertiefung eindrücken
2 hartgekochte Eigelb	durch ein Sieb streichen
175 g Zucker 1 Päckchen Vanillin- Zucker Salz 1 Eiweiß abgeriebene gelbe Schale von ¹/₂ Zitrone (unge- spritzt)	und das Eigelb hineingeben, mit einem Teil des Mehls zu einem dicken Brei verarbeiten
200 g kalte Butter oder Margarine, z. B. Sanella	in Stücke schneiden, auf den Brei geben, mit Mehl bedecken, von der Mitte aus alle Zutaten schnell zu einem glatten Teig verkneten, sollte er kleben, ihn eine Zeitlang kalt stellen den Teig etwa 2 mm dick ausrollen, mit einer runden Form (Durchmesser etwa 4 cm) ausstechen, auf ein gefettetes Backblech legen
1 Eigelb 2 Eßl. Milch	mit verschlagen, die Teigplätzchen damit bestreichen von
40 g abgezogenen, gehobelten Mandeln	jeweils einige in die Mitte der Plätzchen legen

Gas:	5 Minuten vorheizen 3–4, backen 3–4
Strom:	175–200
Backzeit:	10–12 Minuten.

Schokoladen-Nußstreifen

Für den Teig

200 g Bienenhonig
250 g Zucker
1 Päckchen Vanillin-
Zucker
125 g Butter oder Marga-
rine, z. B. Sanella   langsam erwärmen, zerlassen, in eine Rührschüssel geben, erkalten lassen, nach und nach

2 Eier
4–5 Eßl. Milch
½ Fläschchen Backöl
Zitrone
1 gestrichenen Teel. ge-
mahlenen Zimt
1 Messerspitze gemahlene
Nelken
2 gehäufte Eßl. Kakao
oder geriebene Schokolade   hinzugeben
500 g Weizenmehl
1 Päckchen Gala-Pud-
ding-Pulver für Schokola-
den-Pudding
9 g (3 gestrichene Teel.)
Backpulver Backin   mischen, sieben, unterrühren
375 g Haselnußkerne   hinzufügen
den Teig etwa 1 cm dick auf einem gefetteten Backblech glattstreichen, einen mehrfach umgeknickten Streifen Alufolie vor den Teig legen, den Teig mit
Wasser   bestreichen

Gas: 5 Minuten vorheizen 3–4, backen 3–4
Strom: 175–200
Backzeit: 25–30 Minuten

für den Guß
200 g Puderzucker   sieben, mit
1 Eßl. Weinbrand
3 Eßl. heißer Milch

glattrühren, so daß eine dickflüssige Masse ent-

49

steht, die noch warme Gebäckplatte damit bestreichen

das erkaltete Gebäck in etwa 2 × 6 cm große Streifen schneiden.

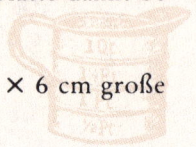

Engadiner Mandelscheiben

250 g Weizenmehl
1 Päckchen Gala-Pud-
ding-Pulver für Schokola-
den-Pudding
1 gestrichenen Teel.
Kakao   mischen, auf die Tischplatte sieben, in die Mitte eine Vertiefung eindrücken

125 g Puderzucker
1 Päckchen Vanillin-
Zucker
Salz   sieben, mit

   hineingeben

250 g kalte Butter oder
Margarine, z. B. Sanella   in Stücke schneiden, darauf geben, mit Mehl bedecken, alle Zutaten schnell zu einem glatten Teig verkneten

100 g abgezogene, hal-
bierte Mandeln   unterkneten, eine Zeitlang kalt stellen
den Teig zu 3–4 cm dicken Rollen formen, so lange kalt stellen, bis sie hart geworden sind, mit einem scharfen Messer in 1/2 cm dicke Scheiben schneiden, auf ein gefettetes Backblech legen

Gas: 5 Minuten vorheizen 3–4, backen 3–4
Strom: 175–200
Backzeit: Etwa 15 Minuten.

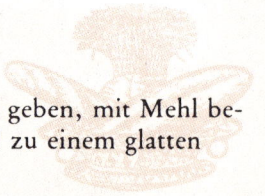

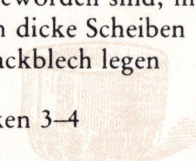

Gefüllte Ingwerplätzchen

Für den Teig

250 g Weizenmehl
1 ½ g (½ gestrichener
Teel.) Backpulver Backin

mischen, auf die Tischplatte sieben, in die Mitte
eine Vertiefung eindrücken

75 g Zucker
1 Päckchen Vanillin-
Zucker
75 g gemahlene Mandeln
oder gemahlene Hasel-
nußkerne
3 gestrichene Eßl. feingewürfelte Ingwerfrüchte
1 ½ gestrichene Teel. ge-
mahlenen Ingwer
½ gestrichenen Teel. ge-
mahlenen Zimt
1 gestrichenen Teel.
Kakao
1 Ei

hineingeben, mit einem Teil des Mehls zu einem
dicken Brei verarbeiten

125 g kalte Butter oder
Margarine, z. B. Sanella

in Stücke schneiden, auf den Brei geben, mit
Mehl bedecken, von der Mitte aus alle Zutaten
schnell zu einem glatten Teig verkneten, sollte er
kleben, ihn eine Zeitlang kalt stellen
den Teig dünn ausrollen, mit einer runden
Form Plätzchen ausstechen, auf ein gefettetes
Backblech legen

Gas: 5 Minuten vorheizen 3–4, backen 3–4
Strom: 175–200
Backzeit: Etwa 5 Minuten

die Hälfte der erkalteten Plätzchen auf der Unterseite dünn mit

2 Eßl. bitterer Orangen-
marmelade (durch ein
Sieb gestrichen)

bestreichen, die übrigen mit der Unterseite darauf setzen

	für den Guß
100 g Puderzucker	sieben, mit
1–2 Eßl. Ingwersirup	
1–2 Eßl. Wasser	verrühren, so daß ein dickflüssiger Guß entsteht, die Oberfläche der Plätzchen damit bestreichen, mit
Ingwerfruchtstückchen	garnieren.

Zimt-Baiser-Plätzchen

	Für den Teig
125 g Weizenmehl	auf die Tischplatte sieben, in die Mitte eine Vertiefung eindrücken
2 Eigelb	
50 g Zucker	
1 Päckchen Vanillin-Zucker	hineingeben, mit einem Teil des Mehls zu einem dicken Brei verarbeiten
65 g kalte Butter oder Margarine, z. B. Sanella	in Stücke schneiden, auf den Brei geben, mit Mehl bedecken, von der Mitte aus alle Zutaten schnell zu einem glatten Teig verkneten, sollte er kleben, ihn eine Zeitlang kalt stellen
	den Teig etwa 2 mm dick ausrollen, mit einer

PLÄTZCHEN

runden Form (Durchmesser 3–4 cm) ausstechen,
auf ein gefettetes Backblech legen

für die Baisermasse

2 Eiweiß | mit
100 g Zucker
1 Teel. gemahlenem Zimt | verrühren, im Wasserbad so lange schlagen, bis
der Eischnee schnittfest ist

100 g abgezogene, gemah-
lene Mandeln | unterheben
auf jedes Plätzchen etwas (etwa ¾ Teel.) von der
Baisermasse streichen

kandierte Kirschen | halbieren, die Plätzchen jeweils mit einer halben
Kirsche garnieren

Gas: | 5 Minuten vorheizen 3–4, backen 3–4
Strom: | 175–200
Backzeit: | Etwa 10 Minuten.

Biberle
– Schweizer Nationalgebäck –

Für die Füllung

200 g Puderzucker
300 g abgezogenen,
gemahlenen Mandeln

sieben, mit

auf der Tischplatte mischen, in die Mitte
eine Vertiefung eindrücken

3–4 Tropfen Backöl
Bittermandel
1–2 Eßl. Dosenmilch
1 Ei

hineingeben, alle Zutaten miteinander verkneten,
daraus 9 fingerdicke Rollen, etwa 20 cm lang,
formen

für den Teig

2 Eier
125 g Zucker
200 g Bienenhonig
1 gestrichenen Teel.
gemahlenen Zimt
1 Messerspitze gemah-
lenen Nelkenpfeffer (Pi-
ment)
500 g Weizenmehl
9 g (3 gestrichene
Teel.) Backpulver Backin

schaumig rühren,

unterrühren

mischen, sieben, $^2/_3$ davon eßlöffelweise unterrühren, den Rest des Mehls darunter kneten,
den Teig auf einer bemehlten Tischplatte so ausrollen (etwa 20 × 72 cm), daß sich daraus
9 Rechtecke, 20 cm lang und 8 cm breit,
schneiden lassen, auf jedes Stück eine Marzipan-
rolle legen, fest in den Teig einrollen, kühl stellen, in spitzkuchenähnliche Stücke schneiden,
auf ein gefettetes Backblech legen, mit

Milch
125 g abgezogenen,
halbierten Mandeln

bestreichen, von

in die Mitte jedes Dreiecks jeweils eine halbe
Mandel drücken

Gas:
Strom:
Backzeit:

5 Minuten vorheizen 3–4, backen 3–4
175–200
15–20 Minuten.

Linzer Stangerln

Für den Teig

300 g Weizenmehl
3 g (1 gestrichener Teel.)
Backpulver Backin

mischen, auf die Tischplatte sieben, in die Mitte
eine Vertiefung eindrücken

125 g Zucker
1 Päckchen Vanillin-
Zucker
1 Ei
2 Eßl. Wasser
2 Teel. Kakao
1 Teel. gemahlenen Zimt
Salz
abgeriebene gelbe Schale
von 1 Zitrone (unge-
spritzt)

hineingeben, mit einem Teil des Mehls zu einem
dicken Brei verarbeiten

125 g kalte Butter oder
Margarine, z. B. Sanella

in Stücke schneiden, mit

125 g abgezogenen,
gemahlenen Mandeln

auf den Brei geben, mit Mehl bedecken,
von der Mitte aus alle Zutaten schnell zu
einem glatten Teig verkneten, sollte er kleben,
ihn eine Zeitlang kalt stellen
den Teig etwa 1 cm dick zu einem Viereck ausrollen, in etwa 1 cm breite und 5 cm lange Streifen schneiden, auf ein gefettetes Backblech legen

Gas: 5 Minuten vorheizen 3–4, backen 3–4
Strom: 175–200
Backzeit: Etwa 20 Minuten

für den Guß

75 g Puderzucker
1 schwach gehäuften Eßl.
Kakao

mischen, sieben, mit

1–1 ½ Eßl. heißem Wasser

verrühren, so daß eine dickflüssige Masse entsteht

10 g Kokosfett

erhitzen, nach und nach unterrühren
das erkaltete Gebäck mit dem Guß bestreichen.

Feine Schokoladen-Knusperchen

150 g Vollmilch-
Schokolade
100 g Zartbitter-
Schokolade   in kleine Stücke brechen, mit
10 g Butter oder Margari-
ne, z. B. Sanella
1 Päckchen Vanillin-
Zucker   in einem kleinen Topf im Wasserbad oder auf
der Automatikplatte bei schwacher Hitze zu einer geschmeidigen Masse verrühren, abkühlen
lassen

75 g Kokosraspeln
½ Packung (85 g) Corn-
flakes   darunter rühren

die Masse in kleine Papierförmchen füllen oder
Häufchen auf Pergamentpapier setzen, im Kühlschrank fest werden lassen, kühl aufbewahren.

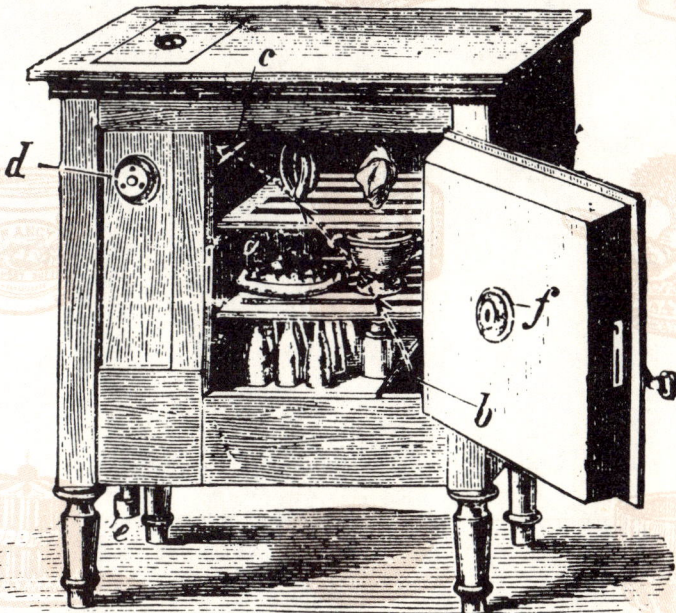

TORTEN
UND KUCHEN

Nußtorte

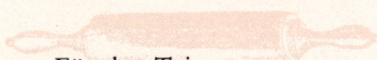

Für den Teig

5 Eigelb
3–4 Eßl. warmes Wasser*

schaumig schlagen, nach und nach ²/₃ von

150 g Zucker
1 Päckchen
Vanillin-Zucker
3 Tropfen Backöl
Bittermandel

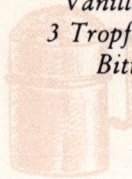

hinzugeben, so lange schlagen, bis eine cremeartige Masse entstanden ist

5 Eiweiß

steif schlagen, nach und nach den Rest des Zuckers unterschlagen, den Schnee auf die Eigelbcreme geben

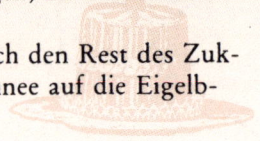

150 g gemahlene
Haselnußkerne
100 g feingeriebenen
Zwieback
1 Päckchen
Mandella-Grießspeise
9 g (3 gestrichene
Teel.) Backpulver
Backin

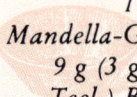

mischen, darüber geben, vorsichtig unter die Eigelbcreme ziehen (nicht rühren)
den Teig in eine mit Papier ausgelegte Springform (Durchmesser etwa 26 cm) füllen, sofort backen

Gas: 3–4
Strom: 175–200
Backzeit: 30–35 Minuten

den Tortenboden gut auskühlen lassen

für die Füllung

3 gestrichene Teel.
Gelatine gemahlen,
weiß
4 Eßl. Weinbrand

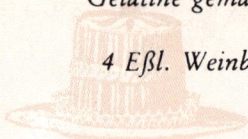
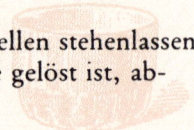

mit
anrühren, 10 Minuten zum Quellen stehenlassen, unter Rühren erwärmen, bis sie gelöst ist, abkühlen lassen

* Bei großen Eiern die kleinere, bei kleinen Eiern die größere Wassermenge nehmen.

¹/₂ l Sahne	¹/₂ Minute schlagen
50 g Puderzucker	sieben, einstreuen, die Sahne steif schlagen
	die Gelatine unter die Sahne ziehen, davon 3 ge-
	häufte Eßl. in einen Spritzbeutel füllen
	unter die restliche Sahne
3 gestrichene Teel. Kakao	mischen
	den Biskuitboden einmal durchschneiden, den
	unteren Boden mit ²/₃ der Sahnecreme bestrei-
	chen, den oberen Boden darauf legen, leicht an-
	drücken
	Rand und obere Seite der Torte mit der restli-
	chen Creme bestreichen, den Rand mit
75 g geraspelter Schokolade	bestreuen, die obere Seite der Torte mit der
	Sahne aus dem Spritzbeutel verzieren.

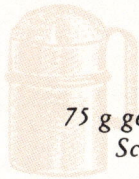

Eistorte »St. Moritz«

	Für den Knetteig
50 g Weizenmehl	
1 Messerspitze Backpulver Backin	mischen, auf die Tischplatte sieben
50 g abgezogene, gemahlene Mandeln	
50 g Zucker	
1 Päckchen Vanillin-Zucker	hinzufügen
50 g kalte Butter oder Margarine	in Stücke schneiden, darauf geben, von der Mitte aus alle Zutaten schnell zu einem glatten Teig verkneten, sollte er kleben, ihn eine Zeitlang kalt stellen

den Teig auf dem Boden einer mit Pergamentpapier ausgelegten Springform (Durchmesser etwa 26 cm) ausrollen, mehrmals mit einer Gabel einstechen

Gas:	3–4
Strom:	200–225
Backzeit:	5–10 Minuten

für den Biskuitteig

2 Eigelb *2–3 Eßl. warmes Wasser**	schaumig schlagen, nach und nach ²/₃ von
75 g Zucker *1 Päckchen* *Vanillin-Zucker*	hinzugeben, so lange schlagen, bis eine cremeartige Masse entstanden ist
2 Eiweiß	steif schlagen, nach und nach den Rest des Zuckers unterschlagen, den Schnee auf die Eigelbcreme geben
40 g Weizenmehl *1 Päckchen Pudding-* *Pulver* *Vanille-Geschmack,* *1 ¹/₂ g (¹/₂ gestrichener* *Teel.) Backpulver Backin*	mischen, darüber sieben, vorsichtig unter die Eigelbcreme ziehen (nicht rühren) den Teig in eine gefettete, mit Pergamentpapier ausgelegte Springform (Durchmesser etwa 26 cm) füllen, sofort backen

Gas:	3–4
Strom:	175–200
Backzeit:	20–30 Minuten

den Biskuitboden gut auskühlen lassen
den Springformrand mit Papier auslegen, den Mandelboden mit

2 Eßl. Aprikosenmarme- *lade*	bestreichen, auf den Boden der Springform legen den Biskuitboden einmal durchschneiden, eine Platte auf den Mandelboden setzen, gut andrükken

* *Bei großen Eiern die kleinere, bei kleinen Eiern die größere Wassermenge nehmen.*

für die Füllung
Erdbeer-Eis aus

2 Päckchen Eispulver
Erdbeer
400 ml Wasser
¼ l Sahne

nach der Vorschrift auf dem Päckchen zubereiten, anfrieren lassen, bergartig auf den Biskuitboden in der Springform streichen

Vanille-Eis aus

2 Päckchen Eispulver
Vanille
½ l Milch
¼ l Sahne

nach der Vorschrift auf dem Päckchen zubereiten, über das Erdbeer-Eis geben
die zweite Biskuitplatte vorsichtig darauf legen
die Torte etwa 6–8 Stunden (am besten über Nacht) in die Gefriertruhe oder in das Gefrierfach des Kühlschranks stellen, wenn die Torte fest ist, sie aus der Form lösen

¼ l Sahne
1 Päckchen Vanillin-
Zucker

mit

steif schlagen, die Torte gleichmäßig damit bestreichen, die Oberfläche am äußeren Rand mit

Schokoladenstreuseln

verzieren.

Anmerkung: Es empfiehlt sich, die Eistorte 1–2 Stunden vor dem Verzehr aus dem Gefrierfach zu nehmen, damit sie sich leichter schneiden läßt.

Eis-Torte

2 Eiweiß

steif schlagen, es muß so fest sein, daß ein Messerschnitt sichtbar bleibt, nach und nach

100 g Zucker

unterschlagen
die Eiweißmasse gleichmäßig auf ein mit gut gefettetem Pergamentpapier belegtes Backblech (22 × 32 cm) streichen

TORTEN UND KUCHEN

Gas:	Knapp 1, nach 30–40 Minuten Ofen ausschalten, Gebäck noch etwa 20 Minuten im Ofen stehenlassen
Strom:	110–130
Backzeit:	Etwa 60 Minuten

sofort nach dem Backen die Baiserplatte stürzen, das Papier mit Wasser bestreichen, abziehen eine Kastenform (26 × 11 cm) auf das Gebäck legen, 3 gleichgroße Platten danach ausschneiden, restliche Gebäckteile zurücklassen

die Eiscreme aus

1 Päckchen Eispulver
Vanille
¹/₄ l Milch
¹/₄ l Sahne (statt ¹/₈ l)   nach der Vorschrift auf dem Päckchen zubereiten, in die Eisschale geben, anfrieren lassen

1–2 Eßl.
Maraschinokirschen   halbieren
50 g bittere
Schokolade   in feine Stücke schneiden
1 Eßl. Ananas-
Konfitüre

die restlichen Baisergebäckstücke zerbröckeln, mit Eiscreme, Kirschen, Schokolade und Konfitüre vermengen
in die mit gut gefettetem Pergamentpapier ausgelegte Kastenform (26 × 11 cm) lagenweise Baiserböden und Eiscreme einschichten, nochmals einige Stunden durchfrieren lassen.

Diplomatentorte

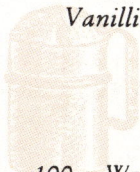

Für den Teig

4 Eigelb
3–4 Eßl. warmes Wasser* schaumig schlagen, nach und nach ²/₃ von
125 g Zucker
1 Päckchen
Vanillin-Zucker hinzugeben, so lange schlagen, bis eine cremeartige Masse entstanden ist

4 Eiweiß steif schlagen, nach und nach den Rest des Zukkers unterschlagen, den Schnee auf die Eigelbcreme geben

100 g Weizenmehl
1 Päckchen
Pudding-Pulver
Vanille-Geschmack
3 g (1 gestrichener Teel.)
Backpulver Backin mischen, darüber sieben, vorsichtig unter die
Eigelbcreme ziehen (nicht rühren), den Teig etwa
1 cm dick auf ein gefettetes, mit Pergamentpapier
belegtes Backblech streichen, an der offenen Seite
des Blechs das Papier unmittelbar vor dem Teig
zu einer Falte knicken, so daß ein Rand entsteht,
sofort backen

Gas: 5 Minuten vorheizen 3 ¹/₂–4 ¹/₂, backen 3 ¹/₂–4 ¹/₂
Strom: 175–200
Backzeit: Etwa 10 Minuten

Zucker den Biskuit sofort nach dem Backen auf ein mit
bestreutes Papier stürzen, das Backpapier mit
kaltem Wasser bestreichen, vorsichtig, aber
schnell abziehen, das Gebäck mit
4–5 Eßl. Kirschmarmelade bestreichen, mit der Papierunterlage aufrollen,
kalt stellen, die Biskuitrolle in Scheiben schnei-
den, die Randstücke zurücklassen

* Bei großen Eiern die kleinere, bei kleinen Eiern die größere Wassermenge nehmen.

eine Schüssel mit abgerundetem Boden mit den Biskuitscheiben auslegen, etwas zusammendrükken

die Füllung aus

1 Päckchen Götterspeise Zitrone-Geschmack 150 g Zucker ¼ l Weißwein

nach der Vorschrift auf dem Päckchen zubereiten

¼ l Sahne

steif schlagen, sobald die Speise anfängt dicklich zu werden, die Sahne unterheben, die Creme auf die Biskuitscheiben füllen, glattstreichen, die zurückgelassenen Randstücke auseinanderrollen, die Creme damit bedecken, kalt stellen
sobald die Creme fest geworden ist (nach etwa 1 Stunde), die Torte auf eine Platte stürzen.

Zitronencreme-Torte

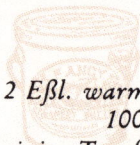

Für den Teig

2 Eigelb 2 Eßl. warmes Wasser 100 g Zucker einige Tropfen Backöl Zitrone

schaumig schlagen, nach und nach ²/₃ von

hinzugeben, so lange schlagen, bis eine cremeartige Masse entstanden ist

2 Eiweiß

steif schlagen, nach und nach den Rest des Zukkers unterschlagen, den Schnee auf die Eigelbcreme geben

100 g Weizenmehl 3 g (1 gestrichener Teel.) Backpulver Backin

mischen, darüber sieben, vorsichtig unter die Eigelbcreme ziehen (nicht rühren)
den Teig in eine gefettete, mit Pergamentpapier

ausgelegte Springform (Durchmesser etwa 26 cm) füllen, sofort backen

Gas: 3–4
Strom: 175–200
Backzeit: Etwa 15 Minuten

den Tortenboden gut auskühlen lassen

die Creme aus

1 Päckchen Göttterspeise
Zitrone-Geschmack
150 g Zucker
¼ l Wasser nach der Vorschrift auf dem Päckchen (aber nur mit ¼ l Wasser) zubereiten

1–2 Eßl. Zitronensaft unterrühren, erkalten lassen
den Tortenboden dünn mit
Aprikosenmarmelade bestreichen, auf eine Tortenplatte legen, den mit einem Pergament-Papierstreifen ausgelegten Springformrand darum legen, schließen

³/₈–¹/₂ l Sahne steif schlagen, 2–3 Eßl. davon in einen Spritz- beutel füllen, sobald die Speise anfängt dicklich zu werden, die übrige Sahne unterheben
die Creme auf den Biskuitboden füllen, glatt- streichen, kalt stellen
nach etwa 1 Stunde die Torte mit einem Messer vom Springformrand lösen, abnehmen
die Torte mit der Sahne aus dem Spritzbeutel verzieren.

Marmorguglhupf

Für den Teig
in eine Schüssel sieben, mit

500 g Weizenmehl
1 Päckchen Dr. Oetker
Hefe · sorgfältig vermischen
175 g Zucker
1 Päckchen
Vanillin-Zucker
200 g zerlassene Butter
oder Margarine, z. B.
Sanella
50 g Haselnußmus (aus
dem Reformhaus)
6 Eier
5 Eßl. lauwarme Milch · hinzufügen, alles mit einem elektrischen Handrührgerät mit Knethaken zuerst auf der niedrig-
sten, dann auf der höchsten Stufe in etwa 5 Minuten zu einem Teig verarbeiten, an einem warmen Ort so lange stehenlassen, bis er etwa doppelt so hoch ist, ihn dann mit dem Handrührgerät auf der höchsten Stufe nochmals gut durchkneten
²/₃ des Teiges in eine gefettete, mit
Semmelmehl · ausgestreute Napfkuchenform füllen
unter den restlichen Teig

30 g (3 gestrichene Eßl.)
Kakao
25 g (1 gut gehäufter
Eßl.) Zucker
60 g geriebene zartbittere
Schokolade
3 Eßl. Milch · rühren

den dunklen Teig auf dem hellen verteilen, mit
einer Gabel spiralförmig durch die Teigschichten
ziehen
den Teig nochmals an einem warmen Ort stehenlassen, bis er etwa um ¹/₃ höher ist, erst dann in
den Backofen schieben

Gas:	2 ¹/₂–3 ¹/₂
Strom:	175–200
Backzeit:	Etwa 50 Minuten

den Marmorguglhupf etwa 5 Minuten in der Form stehenlassen, auf einen Kuchenrost stürzen, sofort mit

50 g zerlassener Butter bestreichen, mit
Puderzucker bestäuben.

Buchteln

Für den Teig

500 g Weizenmehl in eine Schüssel sieben, mit
1 Päckchen Dr. Oetker
Hefe sorgfältig vermischen
125 g Zucker
1 Päckchen
Vanillin-Zucker
4 Tropfen Backöl Zitrone
Salz
1 Ei
100 g zerlassene Butter
oder Margarine
¹/₅ l (200 ml) lauwarme
Milch hinzufügen, alles mit einem elektrischen Handrührgerät mit Knethaken zuerst auf der niedrigsten, dann auf der höchsten Stufe in etwa 5 Minuten zu einem Teig verarbeiten, an einem warmen Ort so lange stehenlassen, bis er etwa doppelt so hoch ist, ihn dann mit dem Handrührgerät auf der höchsten Stufe nochmals gut durchkneten

den Teig zu einer Rolle formen, in 12 gleich-

große Stücke schneiden, etwas flachdrücken
auf jedes Teigstück 1 Teel.

Pflaumenmus oder Mar-
melade geben, die Teigenden beutelartig darüber zusammendrücken, zu Bällchen formen

50 g Butter in einer rechteckigen Auflaufform (etwa
20 × 30 cm) zerlassen, die Teigbällchen von al-
len Seiten darin wenden (nicht zu dicht legen),
sie nochmals an einem warmen Ort stehenlassen,
bis sie etwa doppelt so hoch sind, erst dann in
den Backofen schieben

Gas: 5 Minuten vorheizen 3–4, backen 3–4
Strom: 200–225
Backzeit: 20–30 Minuten

die garen Buchteln mit
Puderzucker bestäuben.

Beigabe: Kompott oder Vanillesoße.

Pfirsichcreme-Torte

Für den Teig

3 Eigelb
2–3 Eßl. warmes Wasser* schaumig schlagen, nach und nach ²/₃ von
125 g Zucker
1 Päckchen
Vanillin-Zucker hinzugeben, so lange schlagen, bis eine cremeartige Masse entstanden ist
3 Eiweiß steif schlagen, nach und nach den Rest des Zuk-

* *Bei großen Eiern die kleinere, bei kleinen Eiern die größere Wassermenge nehmen.*

kers unterschlagen, den Schnee auf die Eigelbcreme geben

75 g Weizenmehl
1 Päckchen Pudding-
Pulver Vanille-Geschmack
3 g (1 gestrichener Teel.)
Backpulver Backin

mischen, darüber sieben, vorsichtig unter die
Eigelbcreme ziehen (nicht rühren)
den Teig in eine gefettete, mit Pergamentpapier
ausgelegte Springform (Durchmesser etwa 26 cm)
füllen, sofort backen

Gas: 3–4
Strom: 175–200
Backzeit: Etwa 30 Minuten

den Tortenboden gut auskühlen lassen

aus

$\frac{1}{8}$ l Milch
$\frac{1}{2}$ Päckchen (72 g) Tor-
ten-Creme-Pulver (ohne
Kochen)

eine Creme nach der Vorschrift auf dem Päckchen zubereiten

etwa 500 g Pfirsichhälften
(aus der Dose)

abtropfen lassen, 2 Hälften mit einer Gabel zer-
drücken, mit

4 Tropfen Backöl
Butter-Vanille
125 g weiche Butter oder
Margarine bester Qualität

zu der Creme geben

mit einem Schneebesen oder elektrischem Handrührgerät cremig schlagen, nach und nach die
Pfirsichcreme unterrühren
den Biskuitboden einmal durchschneiden, die
Hälften mit

12 Eßl. Rum

beträufeln, auf den unteren Boden $\frac{1}{3}$ der Creme
streichen, den zweiten Boden darauf legen
Rand und obere Seite der Torte mit der restlichen Creme bestreichen, in die Mitte einen dik-
ken Creme-Tuff spritzen
die restlichen Pfirsichhälften in dünne Spalten

schneiden, von der Mitte aus spiralförmig die Torte damit belegen

1 gestrichenen Teel. Gelatine gemahlen, weiß
3 Eßl. Pfirsichsaft

mit

anrühren, 10 Minuten zum Quellen stehenlassen, unter Rühren erwärmen, bis sie gelöst ist, abkühlen lassen, dünn (evtl. mit einem Pinsel) über die Pfirsichspalten streichen
den Rand der Torte mit

etwa 20 g abgezogenen, gehobelten, gebräunten Mandeln

bestreuen.

Quark-Sahnecreme-Torte

Für den Teig

125 g Butter oder Margarine, z. B. Sanella
125 g Zucker
1 Päckchen Vanillin-Zucker
1 Ei

schaumig rühren, nach und nach

2 Eiweiß

hinzugeben

75 g Weizenmehl
50 g Speisestärke (z. B. Gustin)
3 g (1 gestrichener Teel.) Backpulver Backin

mischen, sieben, eßlöffelweise unterrühren

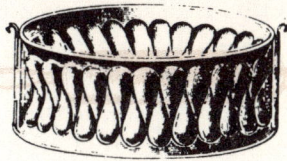

den Teig in eine gefettete Springform (Durchmesser etwa 26 cm) füllen, glattstreichen

Gas: 3–4
Strom: 175–200
Backzeit: 20–30 Minuten

den Tortenboden vom Springformrand lösen, auf
einen Kuchenrost legen, gut auskühlen lassen
(am besten einen Tag vorher backen)

für die Füllung

1 Päckchen Gelatine ge-
mahlen, weiß mit
3 Eßl. kaltem Wasser anrühren, 10 Minuten zum Quellen stehenlassen
2 Eigelb
150 g Zucker
1 Päckchen
Vanillin-Zucker
¼ l Milch unter ständigem Schlagen erhitzen, von der
Kochstelle nehmen
die gequollene Gelatine,

einige Tropfen Backöl
Zitrone hinzufügen, so lange rühren, bis die Gelatine gelöst ist
2 Eßl. Zitronensaft hinzufügen, die Creme kalt stellen
500 g mageren Speise-
quark unter die dickliche Creme rühren
¼ l Sahne steif schlagen, mit
60 g gewaschenen, gut
abgetropften Rosinen darunter heben
den Tortenboden einmal durchschneiden, den
unteren Boden auf eine Tortenplatte legen, den
mit einem Pergament-Papierstreifen ausgelegten
Springformrand darum legen, schließen
die Creme gleichmäßig auf dem Tortenboden
verteilen, mit der oberen Tortenbodenhälfte be-

decken, kalt stellen, damit die Quarkmasse fest wird
den Springformrand mit einem Messer vorsichtig von der Torte lösen
den Rand der Torte mit

abgezogenen, gehobelten, gebräunten Mandeln
Puderzucker

bestreuen, die obere Seite mit bestäuben.

Apfel- oder Zwetschenkuchen Harzer Art

375 g Weizenmehl
1 Päckchen Dr. Oetker Hefe
50 g Zucker
1 Päckchen Vanillin-Zucker
75 g zerlassene Butter oder Margarine
Salz
$^1/_5$ l (200 ml) lauwarme Milch

Für den Teig
in eine Schüssel sieben, mit

sorgfältig vermischen

hinzufügen, alles mit einem elektrischen Hand-rührgerät mit Knethaken zuerst auf der niedrig-sten, dann auf der höchsten Stufe in etwa 5 Mi-nuten zu einem Teig verarbeiten, an einem war-men Ort so lange stehenlassen, bis er etwa dop-pelt so hoch ist, ihn dann mit dem Handrührge-rät auf der höchsten Stufe nochmals durchkneten den Teig ausrollen, ihn in eine gefettete Fettfang-schale legen

für den Apfelkuchen

1–1 $^1/_2$ kg säuerliche Äpfel (z. B. Boskop)

schälen, vierteln, entkernen, in Spalten schnei-den, schuppenförmig auf den Teig legen
den Teig nochmals an einem warmen Ort stehen-lassen, bis er etwa doppelt so hoch ist

oder

1 $^1/_2$–2 kg Zwetschen

für den Zwetschenkuchen
waschen, gut abtropfen lassen, einzeln mit einem Tuch abreiben, entsteinen, die Hälften oben et-was einschneiden, mit der Innenseite nach oben schuppenförmig auf den Teig legen
den Teig nochmals an einem warmen Ort stehen-lassen, bis er etwa doppelt so hoch ist

	für den Guß
1 l Milch	zum Kochen bringen
50 g Speisestärke (z. B. Gustin)	
1 Päckchen Pudding-Pulver Vanille-Geschmack	
50 g Grieß	
1 Päckchen Vanillin-Zucker	
150–175 g Zucker (je nach Säure des Obstes)	
Salz	mischen, mit
¹⁄₈ l kalter Milch	anrühren, unter Rühren in die von der Koch- stelle genommene Milch geben, etwa 3 Minuten unter Rühren kochen, während des Erkaltens ab und zu durchrühren
	den erkalteten Pudding mit
2 Eigelb	
¹⁄₈ l Sahne	verrühren
3 Eiweiß	steif schlagen, es muß so fest sein, daß ein Mes- serschnitt sichtbar bleibt, unterheben
	den Pudding auf das Obst geben, glattstreichen
¹⁄₈ l Sahne	steif schlagen
etwas Zitronensaft	
1 Eigelb	unterheben, auf den Pudding streichen (am be- sten mit einer Teigkarte)
Gas:	5 Minuten vorheizen 3–4, backen 3–4
Strom:	175–200
Backzeit:	Etwa 45 Minuten.

Altdeutscher Napfkuchen

Für den Teig

250 g Butter oder Marga-
rine, z. B. Sanella — schaumig rühren, nach und nach
175 g Zucker
1 Päckchen
Vanillin-Zucker
1 Ei
3 Eigelb
Salz — hinzugeben
375 g Weizenmehl
9 g (3 gestrichene Teel.)
Backpulver Backin — mischen, sieben, abwechselnd mit
1 Eßl. Rum
knapp ⅛ l Milch — unterrühren, nur so viel Milch verwenden, daß
der Teig schwer – reißend – vom Löffel fällt

für die Füllung

3 Eiweiß — steif schlagen, es muß so fest sein, daß ein Messerschnitt sichtbar bleibt, darunter nach und
nach eßlöffelweise

150 g Zucker
½ gestrichenen Teel. ge-
mahlenen Zimt — schlagen
200 g abgezogene, gemah-
lene Mandeln
100 g feingewürfelte
Sukkade (Zitronat) — vorsichtig darunter heben (nicht rühren)
knapp die Hälfte des Teiges in eine gefettete
Napfkuchenform füllen, in die Mitte des Teiges
der Rundung nach mit einem Löffel eine Vertiefung eindrücken, die Makronenmasse in die Vertiefung füllen (es darf nichts von der Füllung an
den Formenrand kommen)
den restlichen Teig darauf geben, glattstreichen

Gas: 2 ½–3 ½
Strom: 175–200
Backzeit: Etwa 65 Minuten.

Nußcreme-Torte

Für den Teig

4 Eigelb	schaumig schlagen, nach und nach $2/3$ von
3–4 Eßl. warmes Wasser*	hinzugeben, so lange schlagen, bis eine cremear-
150 g Zucker	tige Masse entstanden ist
4 Eiweiß	steif schlagen, nach und nach den Rest des Zuk- kers unterschlagen, den Schnee auf die Eigelb- creme geben

200 g Weizenmehl
1 Päckchen Gala-Pud-
ding-Pulver für Schokola-
den-Pudding
10 g (1 gestrichener Eßl.)
Kakao
6 g (2 gestrichene Teel.)
Backpulver Backin

mischen, darüber sieben, vorsichtig unter die
Eigelbcreme ziehen (nicht rühren)
Den Teig in eine gefettete, mit Pergamentpapier
ausgelegte Springform (Durchmesser etwa 26 cm)
füllen, sofort backen

Gas:	3–4
Strom:	175–200
Backzeit:	Etwa 30 Minuten

den Tortenboden gut auskühlen lassen

für die Füllung eine Creme aus

$1/2$ l Milch
1 Päckchen
Torten-Creme-Pulver   nach der Vorschrift auf dem Päckchen zubereiten
100 g gemahlene Hasel-
nußkerne   unterrühren

250 g weiche Butter oder
Margarine bester Qualität

mit einem elektrischen Handrührgerät oder einem Schneebesen cremig schlagen, die Nußcreme
nach und nach unterrühren
den Biskuitboden zweimal durchschneiden, mit
knapp $2/3$ der Creme füllen

* Bei großen Eiern die kleinere, bei kleinen Eiern die größere Wassermenge nehmen.

Rand und obere Seite der Torte gleichmäßig mit
etwas von der übrigen Creme bestreichen,
mit der restlichen Creme verzieren, mit

12–14 Haselnußkernen   garnieren.

Punschtorte

(für diese Torte
2 Biskuitböden zubereiten)

Für den Teig

3 Eigelb
3–4 Eßl. warmes Wasser*
150 g Zucker
1 Päckchen
Vanillin-Zucker

schaumig schlagen, nach und nach ²/₃ von

hinzugeben, so lange schlagen, bis eine cremeartige Masse entstanden ist

3 Eiweiß

steif schlagen, nach und nach den Rest des Zukkers unterschlagen, den Schnee auf die Eigelbcreme geben

100 g Weizenmehl
100 g Speisestärke (z. B.
Gustin)
9 g (3 gestrichene Teel.)
Backpulver Backin

mischen, darüber sieben, vorsichtig unter die
Eigelbcreme ziehen (nicht rühren)
den Teig in eine mit Papier ausgelegte Springform (Durchmesser etwa 26 cm) füllen, sofort
backen

Gas: 3–4
Strom: 175–200
Backzeit: 20–30 Minuten

mit den oben angeführten Zutaten in der glei-

---

* *Bei großen Eiern die kleinere, bei kleinen Eiern die größere Wassermenge nehmen.*

chen Weise den zweiten Biskuitboden zubereiten
die Tortenböden gut auskühlen lassen

für die Füllung
einen der Biskuitböden in einer Rührschüssel
zerkrümeln
mit den Ecken von

8 Stückchen Würfelzucker die Schale
von 1 Apfelsine(ungespritzt) abreiben
8 Eßl. Apfelsinensaft
2–3 Eßl. Zitronensaft
¹/₅ l (200 ml) Rotwein
6 Eßl. Rum
¹/₂ Tafel (50 g) zartbittere
Schokolade in kleine Stücke brechen
alle Zutaten erhitzen, die heiße Flüssigkeit sofort
unter die Biskuitkrümel rühren
von dem zweiten Biskuitboden eine etwa 1 cm
dicke Platte abschneiden
den unteren Boden dünn mit einem Teil von

200 g Johannisbeergelee bestreichen, die Füllung darauf verteilen, ebenfalls
dünn mit Johannisbeergelee bestreichen, die andere
Biskuitplatte darauf legen, gut andrücken
Rand und obere Seite der Torte dünn mit dem
restlichen Johannisbeergelee bestreichen

125 g Puderzucker sieben, mit
250 g Marzipan-Rohmasse gut verkneten, etwa 2 mm dick auf
gesiebtem Puderzucker ausrollen
einen Streifen in der Höhe des Tortenrandes und
eine Decke in der Größe der Torte ausschneiden,
den Streifen um die Torte legen, die Decke darauf legen, beides fest andrücken
die Reste des Marzipans verkneten, etwa ¹/₂ cm
dick ausrollen, mit einer Sternchenform ausstechen

für den Guß
100 g Puderzucker sieben, mit
etwa 2 Eßl. Malventee (zubereitet mit 1 Aufguß-Beutel und 4 Eßl. ko-
chendheißem Wasser) glattrühren, so daß eine
dickflüssige Masse entsteht, die Torte damit bestreichen, den Guß fest werden lassen
die ·Torte mit den Marzipan-Sternchen garnieren.

Apfel-Mohntorte

	Für den Belag I
1 ½ kg Äpfel *(z. B. Boskop)*	schälen, vierteln, entkernen, in Stücke schneiden, mit
75 g Zucker *2 Päckchen* *Vanillin-Zucker*	bei schwacher Hitze unter Rühren gar dünsten, erkalten lassen
	für den Teig
150 g Butter oder Marga- *rine, z. B. Sanella* *150 g Zucker* *1 Päckchen* *Vanillin-Zucker*	schaumig rühren, nach und nach
1 Eigelb	hinzugeben
300 g Weizenmehl *6 g (2 gestrichene Teel.)* *Backpulver Backin*	mischen, sieben, ²/₃ davon eßlöffelweise unter-rühren, den Rest des Mehls mit den Händen oder mit 2 Gabeln darunter mengen, so daß eine krümelige Masse entsteht
50 g Rosinen	für den Belag II waschen, gut abtropfen lassen
125 g gemahlenen Mohn *¹/₈ l kochendheiße Milch* *1–2 Eßl. Bienenhonig* *1 Eiweiß*	und die Rosinen verrühren

²/₃ der Teigkrümel in eine gefettete Springform (Rand nicht fetten, Durchmesser etwa 26 cm) geben, den Teig am Boden gut andrücken, am Rand etwa 3 cm hochdrücken
die Mohnmasse darauf geben, glattstreichen
die Äpfel darüber verteilen, mit den restlichen Teigkrümeln bestreuen

Gas:	2 ½–3 ½
Strom:	175–200
Backzeit:	Etwa 55 Minuten.

Kardinalstorte

Für den Teig

3 Eigelb
2–3 Eßl. warmes Wasser*
125 g Zucker

schaumig schlagen, nach und nach ⅔ von hinzugeben, so lange schlagen, bis eine cremeartige Masse entstanden ist

3 Eiweiß

steif schlagen, nach und nach den Rest des Zukkers unterschlagen, den Schnee auf die Eigelbcreme geben

75 g Weizenmehl
1 Päckchen Pudding-
Pulver Vanille-Geschmack
3 g (1 gestrichener Teel.)
Backpulver Backin

mischen, darüber sieben, vorsichtig unter die Eigelbcreme ziehen (nicht rühren)
den Teig in eine gefettete, mit Pergamentpapier ausgelegte Springform (Durchmesser etwa 26 cm) füllen, sofort backen

Gas: 3–4
Strom: 175–200
Backzeit: Etwa 30 Minuten

den Tortenboden gut auskühlen lassen

für die Füllung

250–300 g entsteinte Sauerkirschen (aus dem Glas)

gut abtropfen lassen (einige zum Garnieren zurücklassen), mit

2 Eßl. Rum

beträufeln
den Biskuitboden einmal durchschneiden, den unteren Boden mit

2–3 Eßl. rotem Johannisbeergelee

bestreichen, den zweiten Boden darauf legen, die gut abgetropften Rum-Kirschen darauf verteilen aus

1 Päckchen Rotwein-Creme
¼ l Sahne (statt ⅛ l)

nach der Vorschrift auf dem Päckchen eine

* Bei großen Eiern die kleinere, bei kleinen Eiern die größere Wassermenge nehmen.

Creme zubereiten
Rand und obere Seite der Torte gleichmäßig damit bestreichen
die Oberfläche der Torte mit

Schokoladenstreuseln oder
Schokoladen-Blättchen
¹/₈ l Sahne

bestreuen
steif schlagen, in einen Spritzbeutel mit gezackter
Tülle füllen, die Torte damit verzieren, mit den
zurückgelassenen Kirschen garnieren, bis zum
Servieren kühl stellen.

Erdbeertorte

	Für den Teig
1 Ei	
3 Eßl. warmes Wasser	schaumig schlagen, nach und nach
75 g Zucker	
1 Päckchen	
Vanillin-Zucker	hinzugeben, so lange schlagen, bis eine cremeartige Masse entstanden ist
100 g Weizenmehl	
3 g (1 gestrichener Teel.)	
Backpulver Backin	mischen, darüber sieben, vorsichtig unter die Eicreme ziehen (nicht rühren)
	den Teig in eine gefettete, mit Pergamentpapier ausgelegte Springform (Durchmesser etwa 26 cm) füllen, sofort backen
Gas:	3–4
Strom:	175–200
Backzeit:	20–30 Minuten
	den Tortenboden gut auskühlen lassen
	zum Tränken des Biskuitbodens
3 Eßl. Wasser	mit
25 g (1 gut gehäufter	
Eßl.) Zucker	aufkochen, erkalten lassen
3 Eßl. Himbeergeist	unterrühren
	den Biskuitboden auf eine Tortenplatte legen, mit der Flüssigkeit beträufeln
	für den Belag
2 Päckchen Gelatine ge-	
mahlen, weiß	mit
6 Eßl. kaltem Wasser	anrühren, 10 Minuten zum Quellen stehenlassen, unter Rühren erwärmen, bis sie gelöst ist, abkühlen lassen
500 g Erdbeeren	waschen, gut abtropfen lassen, entstielen, durch ein Sieb streichen
100 g Zucker	
Saft von ¹/₂ Zitrone	unterrühren, die lauwarme Gelatinelösung hinzu-

¼ l Sahne

fügen, erkalten lassen

steif schlagen

sobald die Erdbeermasse anfängt dicklich zu werden, die Sahne unterrühren, in eine kalt ausgespülte kuppelartige Schüssel (Durchmesser etwa 24 cm) füllen, erkalten lassen

sobald die Masse fest ist, die Schüssel kurz in heißes Wasser tauchen, die Füllung auf den Biskuitboden stürzen

¼ l Sahne
25 g (1 gut gehäufter Eßl.) Puderzucker
1 Päckchen Sahnesteif

½ Minute schlagen

sieben, mit

mischen, einstreuen, die Sahne steif schlagen
Rand und obere Seite der Torte damit verzieren.

Herbe Orangentorte

Für den Teig

3 Eigelb	
2–3 Eßl. warmes Wasser*	schaumig schlagen, nach und nach ²/₃ von
125 g Zucker	
1 Päckchen	
Vanillin-Zucker	hinzugeben, so lange schlagen, bis eine cremeartige Masse entstanden ist
3 Eiweiß	steif schlagen, nach und nach den Rest des Zukkers unterschlagen, den Schnee auf die Eigelbcreme geben

75 g Weizenmehl	
1 Päckchen Gala-Pudding-Pulver für Schokoladen-Pudding	
10 g (1 gestrichener Eßl.) Kakao	
3 g (1 gestrichener Teel.) Backpulver Backin	mischen, darüber sieben, vorsichtig unter die Eigelbcreme ziehen (nicht rühren)
	den Teig in eine gefettete, mit Pergamentpapier ausgelegte Springform (Durchmesser etwa 26 cm) füllen, sofort backen

Gas:	3–4
Strom:	175–200
Backzeit:	20–30 Minuten

den Tortenboden gut auskühlen lassen, einmal durchschneiden, die Schnittflächen mit

4–5 Eßl. Apfelsinensaft	beträufeln

für die Füllung

¹/₂ l Sahne	mit
5 Eßl. Apfelsinensaft	¹/₂ Minute schlagen
50 g (2 gut gehäufte Eßl.) Zucker	
1 Päckchen Vanillin-Zucker	
3 Päckchen Sahnesteif	mischen, unter ständigem Schlagen einstreuen, die Sahne steif schlagen

* Bei großen Eiern die kleinere, bei kleinen Eiern die größere Wassermenge nehmen.

die Hälfte der Sahne in einen Spritzbeutel (große Tülle) füllen

mit ²/₃ der Sahne aus dem Spritzbeutel eine dicke Spirale vom Rand zur Mitte hin auf den unteren Biskuitboden spritzen, dabei etwa 1 cm Abstand zwischen den Linien lassen, in die Zwischen-räume

*200 g bittere Orangen-
marmelade*   füllen

den oberen Boden darauf setzen, leicht andrük-ken

Rand und obere Seite der Torte mit der restli-chen Sahne bestreichen, den Rand mit

Krokant   bestreuen, die obere Seite mit der Sahne aus dem Spritzbeutel verzieren, mit

halben Apfelsinenscheiben   garnieren.

Orangen-Likörtorte

Für den Teig

*3 Eigelb
3–4 Eßl. warmes Wasser** schaumig schlagen, nach und nach ²/₃ von

*125 g Zucker
1 Päckchen
Vanillin-Zucker* hinzugeben, so lange schlagen, bis eine cremear-tige Masse entstanden ist

3 Eiweiß steif schlagen, es muß so fest sein, daß ein Mes-serschnitt sichtbar bleibt, nach und nach den

* Bei großen Eiern die kleinere, bei kleinen Eiern die größere Wassermenge nehmen.

Rest des Zuckers unterschlagen, den Schnee auf die Eigelbcreme geben

75 g Weizenmehl
75 g Speisestärke (z. B. Gustin)
6 g (2 gestrichene Teel.) Backpulver Backin

mischen, darüber sieben, vorsichtig unter die Eigelbcreme ziehen (nicht rühren)

75 g zerlassene, abge-
kühlte Margarine, z. B. Sanella

hinzufügen
die Hälfte des Teiges in eine gefettete, mit Pergamentpapier ausgelegte Springform (Durchmesser etwa 26 cm) füllen, sofort backen

Gas: 3–4
Strom: 175–200
Backzeit: 15–20 Minuten

unter den restlichen Teig

10 g (1 gestrichener Eßl.) Kakao

rühren, ihn – genau wie den hellen Teig – bakken
die Tortenböden gut auskühlen lassen

für die Füllung

1 Päckchen Gelatine gemahlen, weiß
4 Eßl. kaltem Wasser
³/₈ l Milch
1 Päckchen Pudding-Pulver Vanille-Geschmack
75 g (3 gut gehäufte Eßl.) Zucker
¹/₈ l Orangenlikör

mit

anrühren, 10 Minuten zum Quellen stehenlassen
zum Kochen bringen

mischen, mit
anrühren, unter Rühren in die von der Kochstelle genommene Milch rühren, einmal kurz aufkochen lassen
die gequollene Gelatine (¹/₂ Teel. zurücklassen) in den noch heißen Pudding geben, so lange rühren, bis sie gelöst ist
den Pudding kalt stellen, ab und zu durchrühren

etwa 500 g Aprikosen (aus der Dose)

abtropfen lassen, einige in 16 Spalten, die übrigen in kleine Stücke schneiden

die Aprikosenstücke auf den dunklen Boden geben

die zurückgelassene Gelatine unter Rühren erwärmen, bis sie gelöst ist, die zurückgelassenen Aprikosenspalten damit bestreichen

½ l Sahne steif schlagen, unter den erkalteten, noch nicht ganz fest gewordenen Pudding heben, etwa 4 Eßl. davon in einen Spritzbeutel mit Sterntülle füllen

die Hälfte der restlichen Puddingcreme auf die Aprikosenstücke verteilen, den hellen Biskuitboden darauf legen, gut andrücken

Rand und obere Seite der Torte mit der restlichen Creme bestreichen, den Rand mit

75 g Krokant bestreuen (etwas zurücklassen)

die obere Tortenseite mit der Creme aus dem Spritzbeutel verzieren, mit dem restlichen Krokant und den Aprikosenspalten garnieren.

Schokoladentorte

250 g zartbittere Schokolade	in Stücke brechen, mit
3 Eßl. Wasser	in einem kleinen Topf im Wasserbad oder auf der Automatikplatte bei schwacher Hitze zu einer geschmeidigen Masse verrühren, abkühlen lassen, ab und zu durchrühren
150 g Butter oder Margarine, z. B. Sanella	schaumig rühren, nach und nach
125 g Zucker	
1 Päckchen Vanillin-Zucker	
2 Eier	
4 Eigelb	hinzugeben
275 g abgezogene, gemahlene Mandeln	
50 g geriebenen Zwieback	
1 Messerspitze Backpulver Backin	mischen, mit der Schokoladenmasse unter den Teig rühren
4 Eiweiß	steif schlagen, unterheben den Teig in eine gefettete Springform (Rand nicht fetten, Durchmesser etwa 26 cm) füllen

Gas:	1 ½–3
Strom:	150–175
Backzeit:	60–65 Minuten.

Apfel-Marzipankuchen

Für den Teig

150 g Weizenmehl
1 ½ g (½ gestrichener
Teel.) Backpulver Backin

mischen, auf die Tischplatte sieben, in die Mitte
eine Vertiefung eindrücken

75 g Zucker
1 Messerspitze gemahlene
Nelken
½ gestrichenen Teel. ge-
mahlenen Zimt
1 Eigelb

hineingeben, mit einem Teil des Mehls zu einem
dicken Brei verarbeiten

100 g kalte Butter oder
Margarine, z. B. Sanella

in Stücke schneiden, mit

75 g abgezogenen,
gemahlenen Mandeln

auf den Brei geben, mit Mehl bedecken, von der
Mitte aus alle Zutaten schnell zu einem glatten
Teig verkneten, sollte er kleben, ihn eine Zeitlang kalt stellen
⅔ des Teiges auf dem Boden einer gefetteten
Springform (Durchmesser etwa 26 cm) ausrollen
den Rest des Teiges zu einer Rolle formen, sie
als Rand auf den Boden legen, so an die Form
drücken, daß der Rand gut 2 cm hoch wird

für den Belag

200 g Marzipan-Rohmasse
125 g Butter oder Marga-
rine, z. B. Sanella

mit einem elektrischen Handrührgerät mit Rühr-
besen zu einer geschmeidigen Masse verrühren,
nach und nach

75 g gesiebten
Puderzucker
2 Eier
1 Eiweiß

hinzugeben

100 g Weizenmehl
3 g (1 gestrichener Teel.)
Backpulver Backin

mischen, sieben, eßlöffelweise unterrühren

375 g Äpfel (z. B.
Cox-Orange, Boskop oder
Gravensteiner)

schälen, vierteln, entkernen, in kleine Stücke

schneiden, unterheben
die Marzipan-Apfel-Masse gleichmäßig auf den
Teigboden füllen, glattstreichen

Gas:	2–3
Strom:	175–200
Backzeit:	Etwa 45 Minuten.

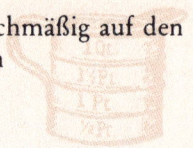

Himmelstorte

Für den Teig

200 g Butter oder Marga-
rine, z. B. Sanella

schaumig rühren, nach und nach

200 g Zucker
1 Päckchen
Vanillin-Zucker
Salz
2 Eier
1 Eigelb

hinzugeben

350 g Weizenmehl
9 g (3 gestrichene Teel.)
Backpulver Backin

mischen, sieben, eßlöffelweise unterrühren, ¼
des Teiges auf den Boden einer gefetteten Springform (Rand nicht fetten, Durchmesser etwa 26
cm) füllen, aus dem restlichen Teig nochmals 3
Tortenböden backen

1 Eiweiß

verschlagen, die Teigböden damit bestreichen,
mit

125 g abgezogenen,
gehobelten Mandeln

bestreuen

Gas:	5 Minuten vorheizen 3–4, backen 3–4
Strom:	175–200
Backzeit:	Etwa 15 Minuten

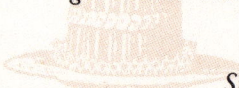

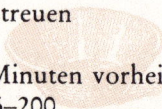

für die Füllung

3 gestrichene Teel.
Gelatine gemahlen, weiß
3 Eßl. kaltem Wasser

mit

anrühren, 10 Minuten zum Quellen stehenlassen, unter Rühren erwärmen, bis sie gelöst ist, kühl stellen

½ l Sahne

fast steif schlagen, die lauwarme Gelatinelösung unter Schlagen nach und nach hinzufügen, die Sahne vollkommen steif schlagen, etwa 1 Tasse voll davon abnehmen (zum Bestreichen für den Rand)

etwa 300 g Preiselbeeren
(aus dem Glas)

abtropfen lassen, mit dem Rest der Sahnemasse vermengen, in 3 gleiche Portionen teilen, die einzelnen Böden mit der Füllung bestreichen, sie zu einer Torte zusammensetzen, die oberste Schicht muß aus einem Boden bestehen
den Rand der Torte mit der zurückgelassenen Sahne bestreichen.

Pfirsichschnitten

Für den Teig

150 g Butter oder Marga-
rine, z. B. Sanella

schaumig rühren, nach und nach

150 g Zucker
1 Päckchen
Vanillin-Zucker
4 Eier
Salz
5 Tropfen Backöl Zitrone
250 g Weizenmehl
9 g (3 gestrichene Teel.)
Backpulver Backin

hinzugeben

mischen, sieben, eßlöffelweise unterrühren
den Teig auf ein gefettetes Backblech geben,

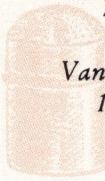

glattstreichen, vor den Teig ein mehrfach umge-
knicktes Stück Alufolie legen

für den Belag

900 g Pfirsiche (aus der Dose) abtropfen lassen, in Scheiben schneiden, auf den Teig legen

150 g Weizenmehl in eine Schüssel sieben, mit

75 g Zucker
1 Päckchen Vanillin-Zucker mischen

100 g Butter in Flöckchen dazugeben, alle Zutaten mit den Händen oder mit 2 Gabeln zu Streuseln vermengen, auf die Pfirsiche verteilen

Gas: 3–4
Strom: 175–200
Backzeit: Etwa 25 Minuten

für den Guß

100 g Puderzucker sieben, mit

2 Eßl. Zitronensaft glattrühren, so daß eine dickflüssige Masse entsteht

sofort nach dem Backen den Guß mit einem Pinsel oder mit einem Teelöffel auf dem Gebäck verteilen

das erkaltete Gebäck in Schnitten von beliebiger Größe schneiden.

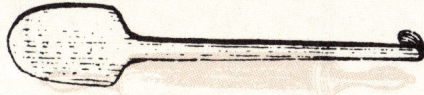

Apfelkuchen mit Gitter

250 g Weizenmehl

Für den Teig
auf die Tischplatte sieben, in die Mitte eine Vertiefung eindrücken

1 Päckchen
Vanillin-Zucker
Salz
250 g Speisequark
250 g kalte, in Stücke ge-
schnittene Butter oder
Margarine, z. B. Sanella

hineingeben
das Fett mit Mehl bedecken, von der Mitte aus
alle Zutaten schnell zu einem glatten Teig verkneten, sollte er zu weich sein, evtl. noch etwas
Mehl unterkneten, ihn eine Stunde im Kühlschrank ruhen lassen

für die Füllung

2 kg Äpfel (z. B. Boskop,
Cox Orange,
Gravensteiner)

schälen, vierteln, entkernen, in kleine Stücke
schneiden, mit

75–100 g Zucker
1 Päckchen
Vanillin-Zucker

unter Rühren gar dünsten, erkalten lassen
²/₃ des Teiges auf einem gefetteten Backblech aus
rollen, die erkalteten Äpfel gleichmäßig darauf
verteilen
den restlichen Teig dünn ausrollen, in 1 cm
breite Streifen schneiden, gitterförmig über die
Äpfel legen, mit

Dosenmilch

bestreichen

Gas: 3–4
Strom: 200–225
Backzeit: 30–35 Minuten.

97

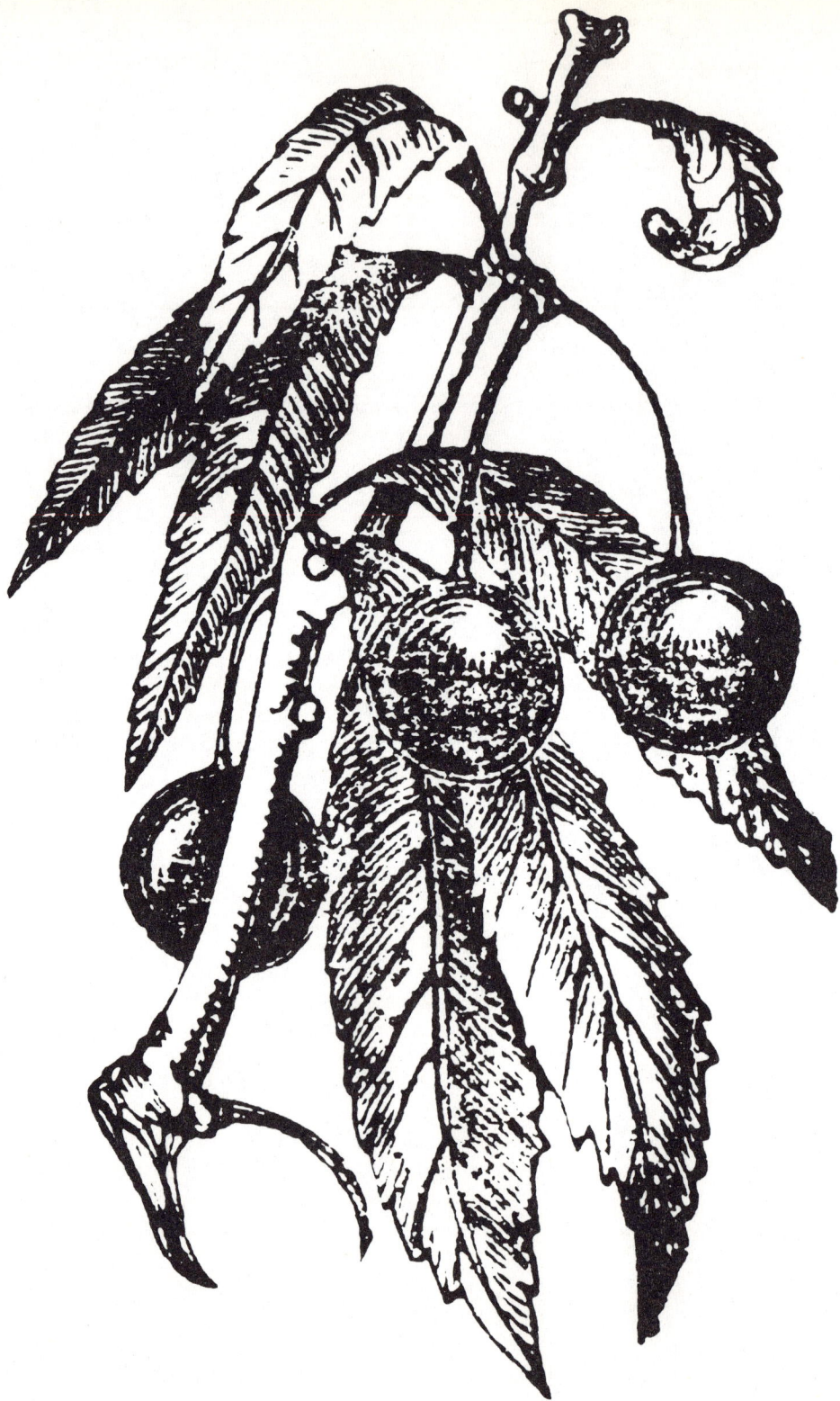

Kirschkuchen

	Für den Teig
150 g Butter oder Margarine, z. B. Sanella	zerlassen, kalt stellen in das wieder etwas fest gewordene Fett
150 g Zucker 1 Päckchen Vanillin-Zucker	geben, so lange rühren, bis Fett und Zucker weißschaumig geworden sind, dann nach und nach
2 Eier, 4 Eigelb	hinzugeben (jedes Ei etwa 2 Minuten unterrühren)
150 g Weizenmehl	sieben, eßlöffelweise unterrühren den Teig in eine gefettete Springform (Rand nicht fetten, Durchmesser etwa 26 cm) füllen
	für den Belag
etwa 480 g entsteinte Sauerkirschen (aus dem Glas)	abtropfen lassen gleichmäßig auf dem Teig verteilen
Gas: Strom: Backzeit:	3–4 175–200 45–60 Minuten
	für den Guß
1 Ei 50 g (2 gut gehäufte Eßl.) Zucker 1/8 l Sahne 2 Eßl. Kirschwasser	mit verschlagen, etwa 15 Minuten vor Beendigung der Backzeit über die Kirschen verteilen.

Raspelkuchen

	Für den Belag
150 g Butter oder Margarine, z. B. Sanella	zerlassen, nach und nach
200 g Zucker	
1 Päckchen Vanillin-Zucker	
2 Eßl. Milch	hinzufügen
200 g Kokosraspeln	unterrühren, abkühlen lassen
	für den Teig
150 g Speisequark	mit
6 Eßl. Milch	
6 Eßl. Speiseöl	
75 g Zucker	
1 Päckchen Vanillin-Zucker	
Salz	verrühren
300 g Weizenmehl	
1 Päckchen Backpulver Backin	mischen, sieben, die Hälfte davon unter den Quark rühren, den Rest des Mehls unterkneten den Teig knapp ½ cm dick auf einem gefetteten Backblech ausrollen, mit
Milch	bestreichen, die Kokosmasse gleichmäßig auf dem Teig verteilen vor den Teig ein mehrfach umgeknicktes Stück Alufolie legen
Gas:	3–4
Strom:	175–200
Backzeit:	Etwa 20 Minuten

das erkaltete Gebäck in Stücke von beliebiger Größe schneiden.

Stachelbeerkuchen

Für den Teig

150 g Weizenmehl
1 ½ g (½ gestrichener Teel.) Backpulver Backin

mischen, auf die Tischplatte sieben, in die Mitte eine Vertiefung eindrücken

65 g Zucker
1 Päckchen Vanillin-Zucker
3 Eigelb

hineingeben, mit einem Teil des Mehls zu einem dicken Brei verarbeiten

65 g kalte Butter oder Margarine, z. B. Sanella

in Stücke schneiden, auf den Brei geben, mit Mehl bedecken, von der Mitte aus alle Zutaten schnell zu einem glatten Teig verkneten
2/3 des Teiges auf dem Boden einer gefetteten Springform (Durchmesser etwa 26 cm) ausrollen unter den Rest des Teiges

1 gestrichenen Eßl. Weizenmehl

kneten, zu einer Rolle formen, sie als Rand auf den Boden legen, so an die Form drücken, daß der Rand etwa 2 cm hoch wird, den Teigboden mehrmals mit einer Gabel einstechen

Gas: 5 Minuten vorheizen 3–4, backen 3–4
Strom: 200–225
Backzeit: Etwa 15 Minuten

für den Belag

500 g Stachelbeeren (aus dem Glas)

gut abtropfen lassen, auf den noch heißen Tortenboden legen

für den Guß

3 Eiweiß

steif schlagen, es muß so fest sein, daß ein Messerschnitt sichtbar bleibt, nach und nach

60 g Zucker
1 Päckchen Vanillin-Zucker

unterschlagen

101

50 g abgezogene, gemahlene Mandeln	
50 g Semmelmehl	unterheben
⅛ l Sahne	leicht unterziehen
	den Guß auf die Stachelbeeren streichen, mit
25 g abgezogenen, gehobelten Mandeln	bestreuen

Gas:	2–3
Strom:	175–200
Backzeit:	Etwa 30 Minuten

	das Gebäck nach dem Erkalten mit
Puderzucker	bestäuben.

Kirsch-Mandelkuchen

Für den Teig

150 g Weizenmehl
1 ½ g (½ gestrichener
Teel.) Backpulver Backin

mischen, auf die Tischplatte sieben, in die Mitte eine Vertiefung eindrücken

50 g Zucker
1 Päckchen Vanillin-
Zucker
1 Eiweiß

hineingeben, mit einem Teil des Mehls zu einem dicken Brei verarbeiten

100 g kalte Butter oder
Margarine, z. B. Sanella

in Stücke schneiden, auf den Brei geben, mit Mehl bedecken, von der Mitte aus alle Zutaten schnell zu einem glatten Teig verkneten
$\frac{2}{3}$ des Teiges auf dem Boden einer gefetteten Springform (Durchmesser etwa 26 cm) ausrollen den Rest des Teiges zu einer Rolle formen, sie als Rand auf den Boden legen, so an die Form drücken, daß der Rand 1–2 cm hoch wird den Teigboden mehrmals mit einer Gabel einstechen, mit

1 gehäuften Eßl.
Semmelmehl

bestreuen

für den Belag

500 g entsteinte Sauerkirschen (aus dem Glas)

gut abtropfen lassen, auf dem Teigboden verteilen

1 Eigelb
75 g Zucker
1 Päckchen Vanillin-
Zucker
3 Eßl. Sahne
15 g Speisestärke (z. B.
Gustin)

verrühren

100 g abgezogene,
gehobelte Mandeln

unterrühren, die Masse auf die Kirschen verteilen

Gas: 2–3
Strom: 175–200
Backzeit: Etwa 45 Minuten.

Marzipan-Rosenkuchen

Für die Füllung

200 g abgezogene,
gemahlene Mandeln   mit
150 g gesiebtem
  Puderzucker
3 Tropfen Backöl
  Bittermandel
1 Eiweiß
4–5 Eßl. Wasser   unter ständigem Rühren so lange erwärmen, bis
                          eine gleichmäßige Masse entstanden ist, etwas
                          abkühlen lassen

                          für den Teig

200 g Speisequark   mit
6 Eßl. Milch
1 Ei
8 Eßl. Speiseöl
100 g Zucker
1 Päckchen Vanillin-
  Zucker
Salz   verrühren
400 g Weizenmehl
1 Päckchen und 6 g
(2 gestr. Teel.) Backpulver
Backin   mischen, sieben, die Hälfte davon unter den
                          Quark rühren, den Rest des Mehls unterkneten
                          den Teig zu einem Rechteck von etwa
                          50 × 40 cm ausrollen
                          die Füllung gleichmäßig auf dem Teig verteilen

100 g Rosinen
50 g Korinthen   waschen, gut abtropfen lassen, über die Man-
                          delmasse streuen
                          den Teig von der längeren Seite her aufrollen
                          die Rolle in 16 Stücke schneiden, diese in eine

gefettete Springform (Durchmesser etwa 26 cm)
setzen

1 Eigelb	mit
1 Eßl. Milch	verschlagen, die Teigstücke damit bestreichen

Gas:	3–4
Strom:	175–200
Backzeit:	50–65 Minuten.

Schwarzwälder Rolle

Für den Teig

4 Eigelb	
*3–4 Eßl. warmes Wasser**	schaumig schlagen, nach und nach ²/₃ von
125 g Zucker	
1 Päckchen Vanillin-	
Zucker	hinzugeben, so lange schlagen, bis eine cremeartige Masse entstanden ist
4 Eiweiß	steif schlagen, nach und nach den Rest des Zuckers unterschlagen
	den Schnee auf die Eigelbcreme geben

75 g Weizenmehl	
50 g Speisestärke	
(z. B. Gustin)	
1 Messerspitze Backpulver	
Backin	mischen, darüber sieben, vorsichtig unter die Eigelbcreme ziehen (nicht rühren)
	den Teig etwa 1 cm dick auf ein gefettetes, mit Pergamentpapier belegtes Backblech streichen, das Papier vor dem Teig zu einer Falte knicken, so daß ein Rand entsteht, sofort backen

Gas:	5 Minuten vorheizen 3 ¹/₂–4 ¹/₂, backen 3 ¹/₂–4 ¹/₂
Strom:	200–225
Backzeit:	10–15 Minuten

* Bei großen Eiern die kleinere, bei kleinen Eiern die größere Wassermenge nehmen.

Zucker sofort nach dem Backen den Biskuit auf ein mit bestreutes Papier stürzen, das Papier vorsichtig, aber schnell abziehen, den Biskuit mit der Unterlage aufrollen, kalt stellen

für die Füllung

1 Päckchen Gelatine gemahlen, weiß
3 Eßl. kaltem Wasser mit anrühren, 10 Minuten zum Quellen stehenlassen, unter Rühren erwärmen, bis sie gelöst ist, kühl stellen

½ l Sahne fast steif schlagen, die lauwarme Gelatinelösung
40 g Zucker
1 Päckchen Vanillin-Zucker
2 Eßl. Kirschwasser hinzufügen, die Sahne vollkommen steif schlagen vorsichtig unterziehen
die ausgekühlte Rolle vorsichtig auseinanderrollen, mit knapp ⅔ der Sahne bestreichen, aufrollen (die äußere braune Haut beim Aufrollen entfernen), von außen mit einem Teil der restlichen Sahne bestreichen, mit

50 g geraspelter Schokolade bestreuen, mit der restlichen Sahne verzieren mit

kandierten Kirschen garnieren.

Mandeltorte

Für den Teig

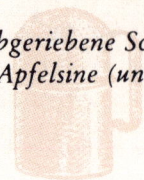

5 Eigelb	
4 Eßl. Apfelsinensaft	schaumig schlagen, nach und nach $^2/_3$ von
175 g Zucker	
1 Päckchen Vanillin-Zucker	
abgeriebene Schale von 1 Apfelsine (ungespritzt)	hinzugeben, so lange schlagen, bis eine cremeartige Masse entstanden ist
5 Eiweiß	steif schlagen, es muß so fest sein, daß ein Messerschnitt sichtbar bleibt, nach und nach den Rest des Zuckers unterschlagen, den Schnee auf die Eigelbcreme geben

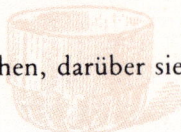

50 g Weizenmehl	
50 g Speisestärke, z. B. Gustin	
3 g (1 gestrichener Teel.) Backpulver Backin	mischen, darüber sieben
300 g abgezogene, gemahlene, leicht geröstete Mandeln	darüber streuen, vorsichtig unter die Eigelbcreme ziehen (nicht rühren) den Teig in eine gefettete, mit Pergamentpapier ausgelegte Springform (Durchmesser etwa 26 cm) füllen, sofort backen

Gas:	3–4
Strom:	175–200
Backzeit:	Etwa 40 Minuten

den Tortenboden gut auskühlen lassen

für den Krokant

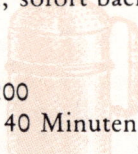

1 Messerspitze Butter oder Margarine, z. B. Sanella	
25 g (1 gut gehäufter Eßl.) Zucker	unter Rühren erhitzen, bis der Zucker schwach gebräunt ist
50 g abgezogene, gehackte Mandeln	hinzufügen, unter Rühren erhitzen, bis die Kro-

kantmasse genug gebräunt ist, auf eine geölte
Platte geben, erkalten lassen, in kleine Stücke
zerstoßen

zum Garnieren

1 Eßl. Speiseöl

in einer kleinen Pfanne erhitzen

*100 g abgezogene, hal-
bierte Mandeln*

hinzugeben, unter häufigem Wenden leicht bräu-
nen, abkühlen und abtropfen lassen (am besten
auf Filterpapier)
eine Buttercreme nach Vorschrift auf dem Päckchen zubereiten aus:

*½ l Milch
1 Päckchen Vanillin-
Zucker,
1 Päckchen Torten-
Creme-Pulver,
Vanille-Geschmack
250 g Butter oder Marga-
rine bester Qualität*

den Tortenboden einmal durchschneiden, den
unteren Boden zuerst mit

*2 gehäuften Eßl. Apfelsi-
nenmarmelde*

bestreichen, dann mit etwa der Hälfte der Creme
bestreichen
den oberen Boden darauf legen, Rand und obere
Seite der Torte mit der restlichen Creme bestreichen, den Rand mit dem Krokant bestreuen
die Torte mit den Mandelhälften garnieren, bis
zum Verzehr kalt stellen.

Apfelkuchen auf dem Blech

Für den Teig

60 g Butter oder Margari-
ne, z. B. Sanella — schaumig rühren, nach und nach
60 g Zucker
1 Päckchen Vanillin-
Zucker
4 Eier
½ Fläschchen Backöl
Zitrone
250 g Speisequark — hinzugeben
100 g Weizenmehl
3 g (1 gestrichener Teel.)
Backpulver Backin — mischen, sieben, eßlöffelweise unterrühren
den Teig auf ein gefettetes Backblech streichen,
einen mehrfach umgeknickten Streifen Alufolie
vor den Teig legen

für den Belag

1 ½ kg Äpfel — schälen, vierteln, entkernen, in dicke Scheiben
schneiden, gleichmäßig auf den Teig legen
50–100 g Korinthen — waschen, gut abtropfen lassen, darüber verteilen
100 g Zucker — mit
1 Teel. gemahlenem Zimt — mischen, darüber streuen

Gas: 5 Minuten vorheizen 3–4, backen 3–4
Strom: 175–200
Backzeit: Etwa 35 Minuten.

Flockentorte

	Für den Knetteig
100 g Weizenmehl	auf die Tischplatte sieben, in die Mitte eine Vertiefung eindrücken
25 g (1 gut gehäufter Eßl.) Zucker	
1 Päckchen Vanillin-Zucker	hineingeben
75 g kalte Butter oder Margarine, z. B. Sanella	in Stücke schneiden, darauf geben, mit Mehl bedecken, von der Mitte aus alle Zutaten schnell zu einem glatten Teig verkneten, sollte er kleben, ihn eine Zeitlang kalt stellen
	den Teig auf dem Boden einer gefetteten Springform (Durchmesser etwa 26 cm) ausrollen, mehrmals mit einer Gabel einstechen, backen
Gas:	5 Minuten vorheizen 3–4, backen 3–4
Strom:	200–225
Backzeit:	Etwa 15 Minuten
	sofort nach dem Backen den Boden vom Springformboden lösen, aber ihn erst, wenn er erkaltet ist, auf eine Tortenplatte legen
	für den Brandteig
¹/₈ l Wasser	
25 g Butter, Margarine oder Schweineschmalz	am besten in einem Stieltopf zum Kochen bringen
75 g Weizenmehl	
15 g Speisestärke	mischen, sieben, auf einmal in die von der Kochstelle genommene Flüssigkeit schütten, zu einem glatten Kloß rühren, unter Rühren etwa 1 Minuten erhitzen, den heißen Kloß sofort in eine Schüssel geben, nach und nach
2–3 Eier	unterrühren, weitere Eizugabe erübrigt sich, wenn der Teig stark glänzt und so vom Löffel abreißt, daß lange Spitzen hängenbleiben
1 ¹/₂ g (¹/₂ gestrichener Teel.) Backpulver Backin	in den erkalteten Teig rühren

aus dem Teig 3 Böden backen, dazu jeweils $^1/_3$ des Teiges auf einen gefetteten, mit Weizenmehl bestäubten Springformboden (Durchmesser etwa 26 cm) streichen (darauf achten, daß die Teiglage am Rand nicht zu dünn ist, damit der Boden nicht zu dunkel wird)

jeden Boden ohne Springformrand backen, bis er hellbraun ist

Gas:	5 Minuten vorheizen 4–5, backen 4–5
Strom:	200–225
Backzeit:	20–25 Minuten

das Gebäck nach dem Backen sofort vom Springformboden lösen, auf einem Kuchenrost erkalten lassen (wichtig, da der Dampf entweichen muß)

für die Füllung

500 g entsteinte Sauerkirschen (aus dem Glas) abtropfen lassen, von dem Saft $^1/_4$ l abmessen (evtl. mit Wasser ergänzen) mit 4 Eßl. von dem Saft

30 g Speisestärke, (z. B. Gustin) anrühren, den übrigen Saft zum Kochen bringen, in den von der Kochstelle genommenen Saft die angerührte Speisestärke geben, einmal kurz aufkochen lassen, die Kirschen darunter geben, evtl. mit

Zucker abschmecken, die Masse kalt stellen

$^1/_2$ l Sahne $^1/_2$ Minute schlagen
2 Päckchen Sahnesteif
1 Päckchen Vanillin-Zucker
25 g gesiebten Puderzucker mischen, einstreuen, die Sahne steif schlagen den Knetteigboden dünn mit

rotem Johannisbeergelee bestreichen, mit einem Brandteigboden bedekken, diesen zunächst mit der Kirschcreme, dann mit etwa $^1/_3$ der Schlagsahne bestreichen, darauf den zweiten Brandteigboden legen, mit der restlichen Sahne bestreichen, den dritten Boden zerbröckeln
auf der Sahne verteilen, mit

Puderzucker bestäuben.

Carolinentorte

	Für den Knetteig
150 g Weizenmehl	auf die Tischplatte sieben, in die Mitte eine Vertiefung eindrücken
40 g Zucker *1 Päckchen Vanillin-* *Zucker*	hineingeben
100 g kalte Butter oder *Margarine, z. B. Sanella*	in Stücke schneiden, darauf geben, mit Mehl bedecken, von der Mitte aus alle Zutaten schnell zu einem glatten Teig verkneten, sollte er kleben, ihn eine Zeitlang kalt stellen den Teig auf dem Boden einer gefetteten Springform (Durchmesser etwa 26 cm) ausrollen, mehrmals mit einer Gabel einstechen
Gas: *Strom:* *Backzeit:*	5 Minuten vorheizen 3–4, backen 3–4 200–225 Etwa 15 Minuten
	sofort nach dem Backen den Boden vom Springformrand lösen, aber ihn erst, wenn er erkaltet ist, auf eine Tortenplatte legen
	für den Brandteig
¼ l Wasser *Salz* *50 g Butter oder Margarine, z. B. Sanella*	am besten in einem Stieltopf zum Kochen bringen
150 g Weizenmehl	sieben, auf einmal in die von der Kochstelle genommene Flüssigkeit schütten, zu einem glatten Kloß rühren, unter Rühren etwa 1 Minute erhitzen, den heißen Kloß sofort in eine Schüssel geben, nach und nach
4–5 Eier	unterrühren, weitere Eizugabe erübrigt sich, wenn der Teig stark glänzt und so vom Löffel abreißt, daß lange Spitzen hängenbleiben
1 Messerspitze Backpulver *Backin*	in den erkalteten Teig rühren

Weizenmehl

aus dem Teig 3 Böden backen, dazu jeweils ¹/₃ des Teiges auf einen gefetteten, mit bestäubten Springformboden (Durchmesser etwa 26 cm) streichen (darauf achten, daß die Teiglage am Rand nicht zu dünn ist, damit der Boden nicht zu dunkel wird), jeden Boden ohne Springformrand backen, bis er hellbraun ist

Gas:	5 Minuten vorheizen 4–5, backen 4–5
Strom:	200–225
Backzeit:	Etwa 25 Minuten

das Gebäck nach dem Backen sofort vom Springformboden lösen, auf einem Kuchenrost erkalten lassen (wichtig, da der Dampf entweichen muß)

für die Füllung

1 Päckchen und 3 gestrichene Teel. Gelatine gemahlen, weiß
5 Eßl. kaltem Wasser   mit anrühren, 10 Minuten zum Quellen stehenlassen
4 Eigelb
100 g Zucker
1 Päckchen Vanillin-Zucker   schaumig schlagen
¹/₄ l Milch   hinzugeben, in einen hohen Kochtopf geben, unter ständigem Schlagen erhitzen (nicht kochen), von der Kochstelle nehmen, die Gelatine hinzufügen, so lange schlagen, bis sie gelöst ist, erkalten lassen, dabei ab und zu durchschlagen
wenn die Masse anfängt dicklich zu werden,

4–5 Eßl. Rum   unterrühren
4 Eiweiß   steif schlagen, es muß so fest sein, daß ein Messerschnitt sichtbar bleibt
¹/₄ l Sahne   steif schlagen, mit dem Eierschnee unter die Creme heben

den Knetteigboden dünn mit

2 Eßl. Johannisbeergelee   bestreichen, mit einem Brandteigboden bedecken, evtl. etwas andrücken, mit knapp der Hälfte der Creme bestreichen, den zweiten Boden darauf legen, mit der restlichen Creme bestreichen, (etwas für den Rand zurücklassen)

den dritten Boden in 16 Stücke schneiden, auf
die Creme legen, vorsichtig andrücken
den Rand der Torte mit der restlichen Creme bestreichen, mit

*30 g abgezogenen,
gehobelten, gebräunten
Mandeln*

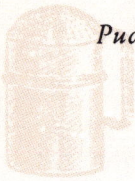

bestreuen
die Torte einige Stunden kühl stellen, vor dem
Servieren mit

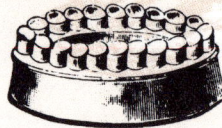

Puderzucker   bestäuben.

Savarin mit Erdbeeren

Für den Teig

*2 Eier
2 Eßl. warmes Wasser*   schaumig schlagen, nach und nach
*100 g Zucker
1 Päckchen Vanillin-
Zucker*

hinzugeben, so lange schlagen, bis eine cremeartige Masse entstanden ist,

*125 g Weizenmehl
30 g Speisestärke,
(z. B. Gustin)
1 ½ g (¹/₂ gestrichener
Teel.) Backpulver Backin*

mischen, darüber sieben, vorsichtig unter die
Eiercreme ziehen (nicht rühren)
den Teig in eine gefettete Kranzform (Durchmesser etwa 24 cm) füllen, sofort backen

Gas: 3–4
Strom: 175–200
Backzeit: Etwa 35 Minuten

das Gebäck gut auskühlen lassen
zum Tränken des Biskuitgebäcks etwa 3 Stunden
vor dem Servieren

¹/₈ l Wasser	
100 g Zucker	
1 Päckchen Vanillin-Zucker	zum Kochen bringen, von der Kochstelle nehmen
³/₈ l Weißwein	hinzufügen

etwa ¹/₃ dieser heißen Flüssigkeit in die Kranzform gießen, das Gebäck hineinlegen, vorsichtig mit der restlichen Flüssigkeit begießen, kalt stellen, gut durchziehen lassen

für den Guß

250 g Erdbeeren — waschen, gut abtropfen lassen, entstielen, durch ein Sieb streichen, ¹/₄ l Erdbeerpülpe davon abmessen, mit

1 Päckchen Tortenguß, rot, Zucker nach Angabe auf dem Tortengußpäckchen — nach der Vorschrift auf dem Päckchen zubereiten den Guß unregelmäßig über den auf einem Kuchenteller gestürzten Kranz verteilen, erkalten lassen

für die Füllung

500 g Erdbeeren — waschen, gut abtropfen lassen, entstielen, mit

50 g (2 gut gehäufte Eßl.) Zucker — mischen, in den Kranz füllen

¹/₈ l Sahne — steif schlagen, den Kranz damit verzieren.

Schokoladencreme-Biskuit

Für den Teig

2 Eigelb	
1–2 Eßl. warmes Wasser*	schaumig schlagen, nach und nach ⅔ von
100 g Zucker	
1 Päckchen Vanillin-Zucker	hinzugeben, so lange schlagen, bis eine cremeartige Masse entstanden ist
2 Eiweiß	steif schlagen, nach und nach den Rest des Zuckers unterschlagen, den Schnee auf die Eigelbcreme geben
75 g Weizenmehl	
50 g Speisestärke (z. B. Gustin)	
3 g (1 gestrichener Teel.) Backpulver Backin	mischen, darüber sieben, vorsichtig unter die Eigelbcreme ziehen (nicht rühren), dabei nach und nach
50 g zerlassene, abgekühlte Butter	hinzufügen

den Teig in eine gefettete, mit Pergamentpapier ausgelegte Kastenform (etwa 30 × 11 cm) füllen, sofort backen

Gas:	3–4
Strom:	175–200
Backzeit:	Etwa 30 Minuten

das Gebäck gut auskühlen lassen

für die Füllung
eine Schokoladen-Buttercreme nach der Vorschrift auf dem Päckchen zubereiten aus

¼ l Milch	
½ Päckchen (72 g) Torten-Creme-Pulver Schoko-Geschmack	
125 g Butter oder Margarine bester Qualität	

das Gebäck einmal durchschneiden, den unteren Teil mit gut der Hälfte der Creme bestreichen,

* *Bei großen Eiern die kleinere, bei kleinen Eiern die größere Wassermenge nehmen.*

40 g Schokoladenstreuseln

mit dem oberen Teil bedecken
mit der restlichen Creme (etwa 3 gut gehäufte
Eßl. zurücklassen) den Biskuit gleichmäßig bestreichen, die Seiten bis zur halben Höhe mit
bestreuen, mit der restlichen Creme das Gebäck
verzieren.

Anna-Torte

250 g Butter oder Marga-
rine, z. B. Sanella
250 g Zucker
1 Päckchen Vanillin-
Zucker
4 Eier
½ Fläschchen Rum-Aroma
250 g Weizenmehl
4 ½ g (1 ½ gestrichene
Teel.) Backpulver Backin
125 g geriebene zartbittere
Schokolade
100 g abgezogenen,
gemahlenen Mandeln
50 g feingewürfelter
Sukkade (Zitronat)

Für den Teig

schaumig rühren, nach und nach

hinzugeben

mischen, sieben, eßlöffelweise unterrühren

mit

mischen, unterrühren
den Teig in eine gefettete Springform (Rand
nicht fetten, Durchmesser etwa 26 cm) füllen

Gas: 3–4
Strom: 175–200
Backzeit: Etwa 60 Minuten
das erkaltete Gebäck mit
Puderzucker bestäuben.

119

Rhabarberkuchen mit Baiser

	Für den Teig
250 g Butter oder Marga- rine, z. B. Sanella	schaumig rühren, nach und nach
100 g Zucker	
1 Päckchen Vanillin- Zucker	
1 Ei	hinzugeben
250 g Weizenmehl	
7 ½ g (2 ½ gestrichene Teel.) Backpulver Backin	mischen, sieben, eßlöffelweise unterrühren den Teig auf ein gefettetes Backblech streichen, einen mehrfach umgeknickten Streifen Alufolie vor den Teig legen
	für den Belag
1 ½ kg Rhabarber	waschen, in 3–4 cm große Stücke schneiden (nicht abziehen), gleichmäßig auf den Teig legen
Gas:	3–4
Strom:	175–200
Backzeit:	Etwa 25 Minuten
	für das Baiser
3 Eiweiß	steif schlagen, es muß so fest sein, daß ein Mes- serschnitt sichtbar bleibt darunter eßlöffelweise
150 g Zucker	schlagen
	nach etwa 20 Minuten Backzeit das Baiser auf den Rhabarber streichen oder in Form eines Git- ters darauf spritzen, leicht bräunen lassen
Gas:	4–5
Strom:	200–225 (oberste Schiene)
Backzeit:	Etwa 8 Minuten.

Quark-Sahneschnitten mit Mandarinen

Für den Teig

3 Eigelb,
4–5 Eßl. warmes Wasser*
150 g Zucker
1 Päckchen Vanillin-
    Zucker

schaumig schlagen, nach und nach $^2/_3$ von

hinzugeben, so lange schlagen, bis eine cremeartige Masse entstanden ist

3 Eiweiß

steif schlagen, nach und nach den Rest des Zukkers unterschlagen, den Schnee auf die Eigelbcreme geben

100 g Weizenmehl
50 g Speisestärke,
    (z. B. Gustin)
3 g (1 gestrichener Teel.)
    Backpulver Backin

mischen, darüber sieben, vorsichtig unter die
Eigelbcreme ziehen (nicht rühren)
den Teig etwa 1 cm dick auf ein gefettetes, mit
Pergamentpapier belegtes Backblech streichen,
das Papier unmittelbar vor dem Teig zu einer
Falte knicken, so daß ein Rand entsteht, sofort
backen

Gas: 5 Minuten vorheizen 3–4, backen 3–4
Strom: 200–225
Backzeit: 10–15 Minuten

den Biskuit sofort nach dem Backen auf ein mit

Zucker

bestreutes Papier stürzen, das Backpapier mit
kaltem Wasser bestreichen, vorsichtig, aber
schnell abziehen
den Biskuit quer halbieren, abkühlen lassen

für die Füllung

etwa 200 g Mandarinen-
spalten (aus der Dose)

abtropfen lassen, den Saft auffangen, 6 Eßl. davon abmessen

2 Päckchen Gelatine ge-
    mahlen, weiß

damit anrühren, 10 Minuten zum Quellen stehenlassen

500 g Speisequark

mit

* Bei großen Eiern die kleinere, bei kleinen Eiern die größere Wassermenge nehmen.

150 g Zucker
1 Päckchen Vanillin-
Zucker
2 Eigelb
abgeriebener gelber Schale
von ¹/₂ Zitrone
(ungespritzt)
2 Eßl. Zitronensaft   verrühren

die Gelatine unter Rühren erwärmen, bis sie gelöst ist, unter den Quark rühren

¹/₄ l Sahne   steif schlagen, mit den Mandarinenspalten unter
den Quark heben

2 Eiweiß   steif schlagen, es muß so fest sein, daß ein Messerschnitt sichtbar bleibt, unterheben

die Füllung auf eine der Biskuithälften streichen,
mit der anderen Hälfte bedecken (die untere
Seite nach oben) leicht andrücken

die Seiten glattstreichen, das Gebäck kalt stellen,
bis es schnittfest ist

die Oberfläche des Gebäcks mit

Puderzucker   bestäuben, in beliebig große Schnitten schneiden.

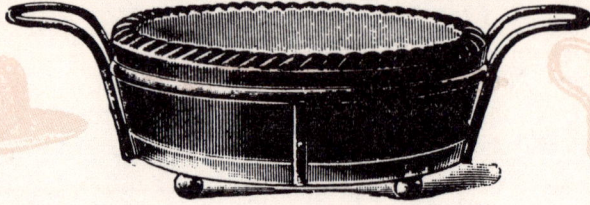

Puddingkuchen

500 g Weizenmehl
1 Päckchen Dr. Oetker Hefe
75 g Zucker
1 Päckchen Vanillin-Zucker
Salz
75 g zerlassene Butter oder Margarine
1 Ei
¼ l lauwarme Milch

Für den Teig
in eine Schüssel sieben, mit
sorgfältig vermischen

hinzufügen, alles mit einem elektrischen Handrührgerät mit Knethaken zuerst auf der niedrigsten, dann auf der höchsten Stufe in etwa 5 Minuten zu einem Teig verarbeiten, an einem warmen Ort so lange stehenlassen, bis er etwa doppelt so hoch ist, ihn dann mit dem Handrührgerät auf der höchsten Stufe nochmals gut durchkneten
⅔ des Teiges auf einem gefetteten Backblech ausrollen, an den Rändern etwas hochdrücken

für die Füllung

2 Päckchen Pudding-Pul-ver Vanille-Geschmack
80 g Zucker
1 l kalter Milch

mit 8 Eßl. von
anrühren, die restliche Milch zum Kochen bringen, von der Kochstelle nehmen, das angerührte
Pudding-Pulver langsam unter Rühren hineingeben, kurz aufkochen, während des Erkaltens ab
und zu durchrühren

die Füllung auf den Teig geben, glattstreichen,
den restlichen Teig in Größe des Backblechs aus-

rollen, auf die Füllung legen, an den Seiten gut andrücken

die Teigplatte mit einer Gabel mehrmals einstechen, den Teig nochmals an einem warmen Ort stehenlassen, bis er etwa doppelt so hoch ist, erst dann in den Backofen schieben

Gas:	5 Minuten vorheizen 4–5, backen 4–5
Strom:	200–225
Backzeit:	15–20 Minuten

für den Guß

100 g zartbittere Schokolade
25 g Kokosfett

in kleine Stücke brechen, mit in einem kleinen Topf im Wasserbad oder auf der Automatikplatte bei schwacher Hitze zu einer geschmeidigen Masse verrühren, den erkalteten Kuchen damit bestreichen.

Gedeckter Apfelkuchen

500 g Weizenmehl
1 Päckchen Dr. Oetker Hefe
75 g Zucker
1 Päckchen Vanillin-Zucker
Salz
75 g zerlassene Butter oder Margarine
1 Ei
¼ l lauwarme Milch

Für den Teig in eine Schüssel sieben, mit sorgfältig vermischen

hinzufügen, alles mit einem elektrischen Handrührgerät mit Knethaken zuerst auf der niedrigsten, dann auf der höchsten Stufe in etwa 5 Minuten zu einem Teig verarbeiten, an einem war-

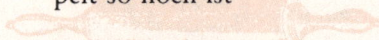

men Ort so lange stehenlassen, bis er etwa doppelt so hoch ist

für die Füllung

75 g Rosinen   waschen, gut abtropfen lassen
2 kg Äpfel (z. B. Boskop)   schälen, vierteln, entkernen, in Stücke schneiden, mit

75 g Zucker
1 Päckchen Vanillin-
*   Zucker*
1 gestrichenen Teel. ge-
*   mahlenem Zimt*

und den Rosinen unter Rühren gar dünsten, erkalten lassen
den Hefeteig dann mit dem Handrührgerät nochmals gut durchkneten, ²/₃ des Teiges auf einem gefetteten Backblech ausrollen, an den Rändern etwas hochdrücken
die Füllung auf dem Teig verteilen, glattstreichen, den restlichen Teig in der Größe des Backblechs ausrollen, auf die Füllung legen, an den Seiten gut andrücken
die Teigplatte mit einer Gabel mehrmals einstechen, den Teig nochmals an einem warmen Ort stehenlassen, bis er etwa doppelt so hoch ist, erst dann in den Backofen schieben

Gas: 5 Minuten vorheizen 4–5, backen 4–5
Strom: 200–225
Backzeit: 15–20 Minuten

für den Guß

125 g Puderzucker   sieben, mit
etwa 2 Eßl. Zitronensaft   glattrühren, so daß eine dickflüssige Masse entsteht
den erkalteten Kuchen damit bestreichen.

Veränderung: Den Teig vor dem Backen mit 50 g weicher Butter bestreichen und mit 75 g Zucker, vermischt mit 2 Messerspitzen gemahlenem Zimt, bestreuen.

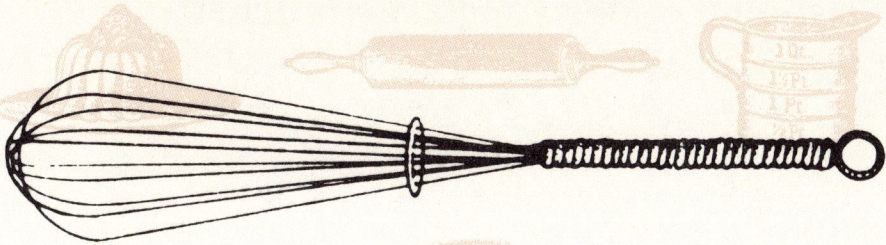

Englischer Kirschkuchen

200 g Butter oder Margarine, z. B. Sanella	schaumig rühren, nach und nach
200 g Zucker	
1 Päckchen Vanillin-Zucker	
1 Fläschchen Rum-Aroma	
Salz	
5 Eier	hinzugeben
300 g Weizenmehl	
6 g (2 gestrichene Teel.) Backpulver Backin	mischen, sieben, eßlöffelweise unterrühren
100 g Korinthen	
150 g Rosinen	beide Zutaten waschen, gut abtropfen lassen
150 g Kirschen oder Maraschino-Kirschen (aus dem Glas)	gut abtropfen lassen, evtl. halbieren
75 g feingewürfelte Sukkade (Zitronat)	
	die 4 Zutaten vermengen, mit
2 Eßl. Schwarzwälder Kirschwasser oder Weinbrand	beträufeln, die Früchte unter den Teig rühren, in eine gefettete, mit Pergamentpapier ausgelegte Kastenform füllen
Gas:	2–3
Strom:	165–185
Backzeit:	Etwa 90 Minuten.

Pflaumen- oder Zwetschenkuchen mit Vanillecreme

Für den Teig

150 g Weizenmehl
1 ¹/₂ g (¹/₂ gestrichener Teel.) Backpulver Backin

mischen, auf die Tischplatte sieben, in die Mitte eine Vertiefung eindrücken

65 g Zucker
1 Päckchen Vanillin-Zucker
1 Ei

hineingeben, mit einem Teil des Mehls zu einem dicken Brei verarbeiten

65 g kalte Butter oder Margarine, z. B. Sanella

in Stücke schneiden, auf den Brei geben, mit Mehl bedecken, von der Mitte aus alle Zutaten schnell zu einem glatten Teig verkneten, sollte er kleben, ihn eine Zeitlang kalt stellen
²/₃ des Teiges auf dem Boden einer gefetteten Springform (Durchmesser etwa 26 cm) ausrollen unter den Rest des Teiges

1 gestrichenen Eßl. Weizenmehl

kneten, zu einer Rolle formen, sie als Rand auf den Boden legen, so an die Form drücken, daß ein etwa 3 cm hoher Rand entsteht
den Teigboden mehrmals mit einer Gabel einstechen

Gas: 5 Minuten vorheizen 3–4, backen 3–4
Strom: 200–225
Backzeit: Etwa 15 Minuten

für die Füllung

1 Päckchen Pudding-Pulver Vanille-Geschmack
40 g (2 schwach gehäufte Eßl.) Zucker
¹/₂ l Milch

mit

verrühren

2 Eier

hinzufügen, unter ständigem Schlagen zum Kochen bringen, aufkochen lassen, gleichmäßig auf

	den vorgebackenen Boden streichen
750 g Pflaumen *(Zwetschen)*	waschen, gut abtropfen lassen, einzeln mit einem Tuch abreiben, entsteinen, die Hälften oben etwas einschneiden, mit der Innenseite nach oben kranzförmig auf die Vanillecreme legen, in den Backofen schieben

Gas:	3–4
Strom:	200–225
Backzeit:	Etwa 30 Minuten

25 g zerlassener Butter *1 gut gehäuften Eßl.*	den Kuchen sofort nach dem Backen mit bestreichen, erkalten lassen
Zucker *etwas Vanillin-*	mit
Zucker	mischen, darüber streuen.

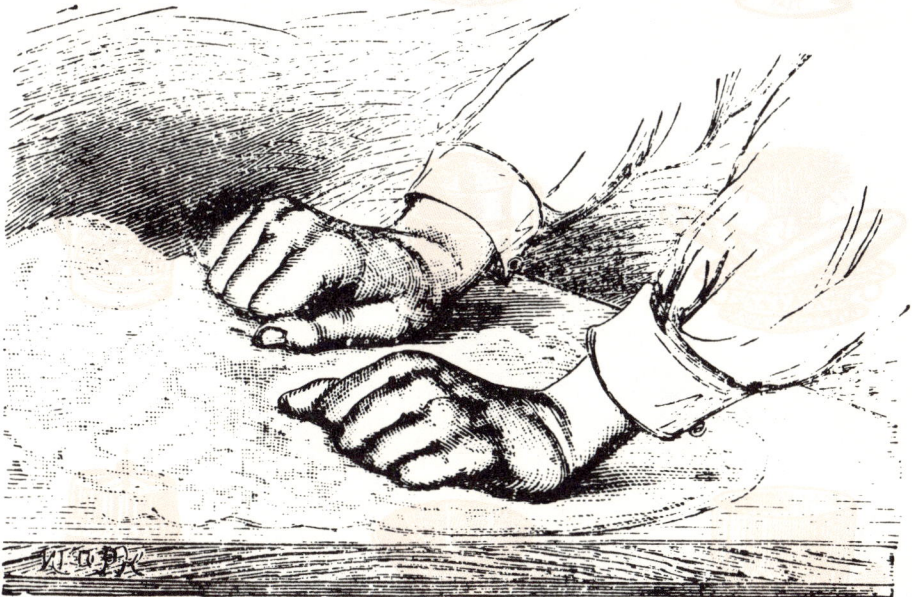

Pflaumen- oder Zwetschenkuchen mit Quarkfüllung

Für den Teig

150 g Weizenmehl
1 ½ g (½ gestrichener Teel.) Backpulver Backin

mischen, auf die Tischplatte sieben, in die Mitte eine Vertiefung eindrücken

65 g Zucker
1 Päckchen Vanillin-Zucker
1 Ei

hineingeben, mit einem Teil des Mehls zu einem dicken Brei verarbeiten

65 g kalte Butter oder Margarine, z. B. Sanella

in Stücke schneiden, auf den Brei geben, mit Mehl bedecken, von der Mitte aus alle Zutaten schnell zu einem glatten Teig verkneten, sollte er kleben, ihn eine Zeitlang kalt stellen
$\frac{2}{3}$ des Teiges auf dem Boden einer gefetteten Springform (Durchmesser etwa 26 cm) ausrollen

unter den Rest des Teiges

1 gestrichenen Eßl. Weizenmehl

kneten, zu einer Rolle formen, sie als Rand auf den Boden legen, so an die Form drücken, daß der Rand 2–3 cm hoch wird, den Teigboden mehrmals mit einer Gabel einstechen

Gas: 5 Minuten vorheizen 3–4, backen 3–4
Strom: 200–225
Backzeit: Etwa 15 Minuten

für die Füllung

50 g Butter oder Margarine, z. B. Sanella
50 g Zucker
1 Päckchen Vanillin-Zucker
2 Tropfen Backöl Zitrone
1 Ei

schaumig rühren, nach und nach

250 g Speisequark	unterrühren
10 g Speisestärke (z. B. Gustin)	mit
2 Eßl. kalter Milch	anrühren, unter die Quarkmasse rühren, gleichmäßig auf den vorgebackenen Boden streichen
750 g Pflaumen (Zwetschen)	waschen, gut abtropfen lassen, einzeln mit einem Tuch abreiben, entsteinen, die Hälften oben etwas einschneiden, mit der Innenseite nach oben kranzförmig auf die Quarkcreme legen, in den Backofen schieben
Gas:	3–4
Strom:	200–225
Backzeit:	Etwa 30 Minuten
	den Kuchen sofort nach dem Backen mit bestreichen, erkalten lassen
25 g zerlassener Butter 25 g Zucker etwas gemahlenen Zimt	mischen, darüber streuen, nach Belieben
einige abgezogene, gehobelte, gebräunte Mandeln	gleichmäßig darauf verteilen.

Heidelbeerkuchen

	Für den Belag
1 kg Heidelbeeren	verlesen, waschen, gut abtropfen lassen
	für den Teig
100 g Speisequark	mit
1 Eßl. Milch	
1 Ei	
4 Eßl. Speiseöl	
50 g Zucker	
1 Päckchen Vanillin-	

Zucker
Salz   verrühren
200 g Weizenmehl
12 g (4 gestrichene Teel.)
Backpulver Backin   mischen, sieben, die Hälfte davon unter den
Quark rühren, den Rest des Mehls unterkneten
den Teig auf dem Boden einer gefetteten Springform (Durchmesser etwa 26 cm) ausrollen, die
Heidelbeeren gleichmäßig auf dem Teig verteilen

für den Guß

50 g Butter oder Margari-
ne, z. B. Sanella   schaumig rühren, nach und nach
100 g Zucker
250 g Speisequark
1 Ei
1 Päckchen Soßen-Pulver
Vanille-Geschmack
5 Eßl. kalte Milch   unterrühren

den Guß über die Heidelbeeren verteilen

Gas: 2 $\frac{1}{2}$–3 $\frac{1}{2}$
Strom: 175–200
Backzeit: 60–70 Minuten

den Kuchen in der Form erkalten lassen.

Zwetschenkuchen, schwäbische Art

Für den Teig

250 g Weizenmehl
3 g (1 gestrichener Teel.)
Backpulver Backin — mischen, auf die Tischplatte sieben, in die Mitte eine Vertiefung eindrücken

65 g Zucker
1 Päckchen Vanillin-Zucker
1 Ei — hineingeben, mit einem Teil des Mehls zu einem dicken Brei verarbeiten

125 g kalte Butter oder Margarine, z. B. Sanella — in Stücke schneiden, auf den Brei geben, mit Mehl bedecken, von der Mitte aus alle Zutaten schnell zu einem glatten Teig verkneten, sollte er kleben, ihn eine Zeitlang kalt stellen
den Teig auf einem gefetteten Backblech zu einem Viereck von 35 × 35 cm ausrollen, mit

2 Eßl. Semmelmehl — bestreuen

für den Belag

2 kg Zwetschen — waschen, gut abtropfen lassen, einzeln mit einem Tuch abreiben, entsteinen, die Hälften oben etwas einschneiden, mit der Innenseite nach oben schuppenförmig auf den Teig legen

30 g (2 gestrichene Eßl.)
Zucker — mit
1 Messerspitze gemahlenem Zimt — mischen, darüber streuen
50 g Butter — in Flöckchen darauf setzen, mit
25 g abgezogenen, gehobelten Mandeln — bestreuen

Gas: 5 Minuten vorheizen 4–5, backen 4–5
Strom: 200–225
Backzeit: Etwa 30 Minuten.

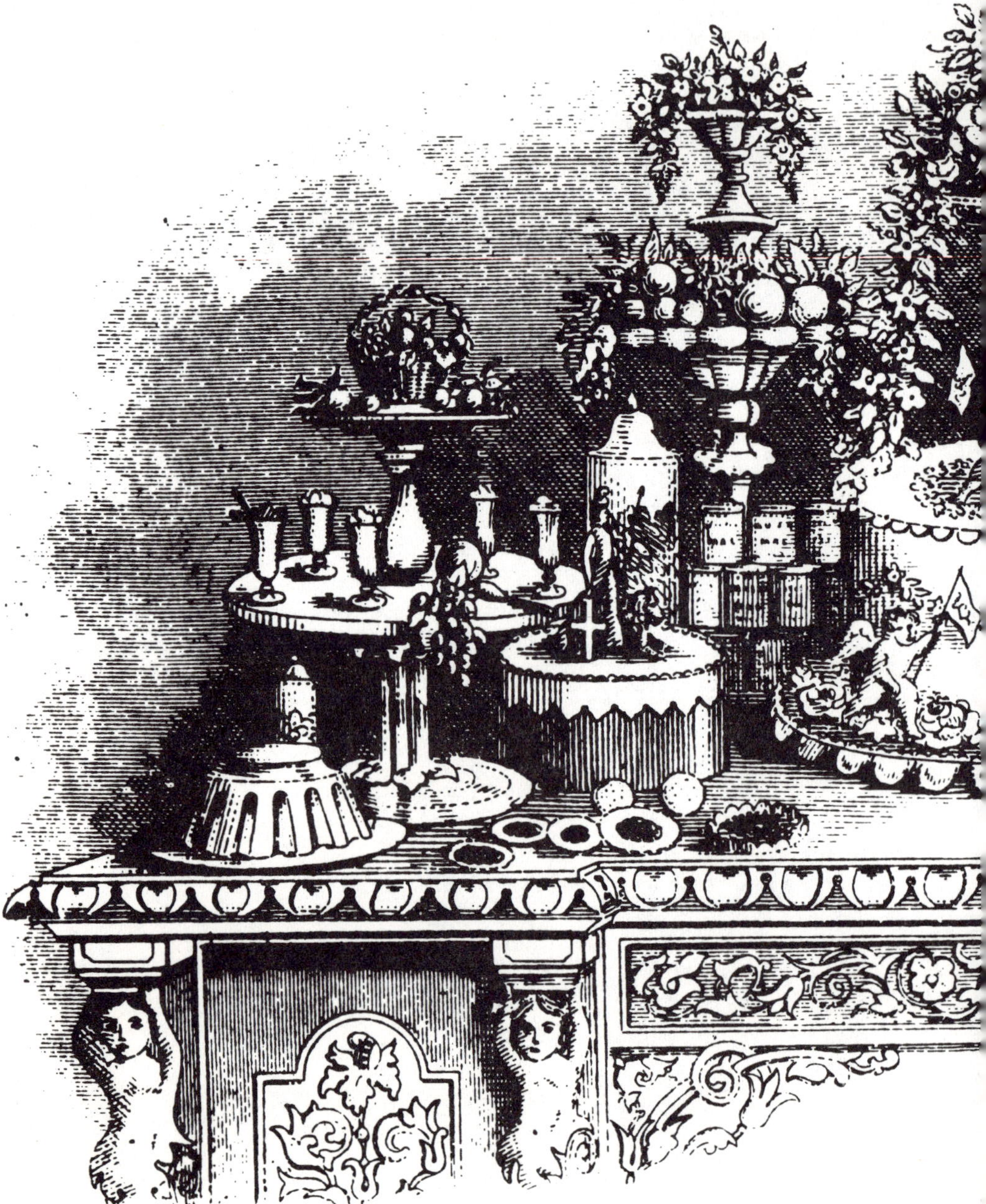

Süddeutscher Zwetschenkuchen

	Für den Teig
100 g Butter oder Marga- rine, z. B. Sanella	schaumig rühren, nach und nach
100 g Zucker	
1 Päckchen Vanillin- Zucker	
2 Tropfen Backöl Zitrone	
2 Eier	hinzugeben
150 g Weizenmehl	
4 ½ g (1 ½ gestrichene Teel.) Backpulver Backin	mischen, sieben, abwechselnd mit
1 Eßl. Milch	unterrühren
50 g abgezogene, gemah- lene Mandeln	unterheben den Teig in eine gefettete Springform (Rand nicht fetten, Durchmesser etwa 26 cm) füllen
	für den Belag
1 kg Zwetschen	waschen, abtropfen lassen, einzeln mit einem Tuch abreiben, entsteinen, mit der Innenseite nach oben schuppenförmig auf den Teig legen
15 g abgezogene, geho- belte Mandeln	darüber streuen
Gas:	3–4
Strom:	175–200
Backzeit:	Etwa 50 Minuten

das Gebäck vor dem Servieren evtl. mit Puderzucker bestäuben.

Gelb-Weiß-Kuchen

Für den Teig I

75 g Butter oder Margarine, z. B. Sanella   schaumig rühren, nach und nach
125 g Zucker
1 Päckchen Vanillin-Zucker
4 Eiweiß   hinzugeben
150 g Weizenmehl
6 g (2 gestrichene Teel.) Backpulver Backin   mischen, sieben, abwechselnd mit
3–4 Eßl. Milch   unterrühren
125 g Kokosraspeln   hinzugeben, alle Zutaten zu einem glatten Teig verrühren
den Teig in eine mit Pergamentpapier ausgelegte Kastenform (etwa 30 × 11 cm) füllen

für den Teig II

25 g Butter oder Margarine, z. B. Sanella   schaumig rühren
50 g Zucker
1 Päckchen Vanillin-Zucker
4 Eigelb   hinzugeben
100 g Weizenmehl
1 Päckchen Pudding-Pulver Vanille-Geschmack
6 g (2 gestrichene Teel.) Backpulver Backin   mischen, sieben, abwechselnd mit
2 Eßl. Milch   unterrühren, (nur so viel Milch verwenden, daß der Teig schwer – reißend – vom Löffel fällt)

den Teig auf Teig I in der Kastenform geben,
gleichmäßig verstreichen

für den Belag

50 g Butter oder Margari-
ne, z. B. Sanella   erhitzen, nach und nach
3 Eßl. Milch
50 g Zucker
1 Päckchen Vanillin-
Zucker
75 g abgezogene, geho-
belte Mandeln   hinzugeben, unter Rühren erhitzen, erkalten lassen, gleichmäßig über den Teig verteilen

Gas: 1 ½–2 ½
Strom: 165–175
Backzeit: 45–60 Minuten.

Französischer Apfelkuchen

Für den Teig

200 g Weizenmehl
3 g (1 gestrichener Teel.)
Backpulver Backin   mischen, auf die Tischplatte sieben, in die Mitte
eine Vertiefung eindrücken

125 g Zucker
1 Päckchen Vanillin-
Zucker
1 Messerspitze gemahlenen
Kardamom
1 gestrichenen Teel. ge-
mahlenen Zimt
1 Ei   hineingeben, mit einem Teil des Mehls zu einem
dicken Brei verarbeiten

125 g kalte Butter oder
Margarine, z. B. Sanella   in Stücke schneiden, mit

125 g abgezogenen, ge-
mahlenen Mandeln oder
Haselnußkernen auf den Brei geben, mit Mehl bedecken, von der
Mitte aus alle Zutaten schnell zu einem glatten
Teig verkneten, sollte er kleben, ihn eine Zeitlang kalt stellen
knapp die Hälfte des Teiges auf dem Boden einer
gefetteten Springform (Durchmesser etwa 26 cm)
ausrollen, mehrmals mit einer Gabel einstechen

Gas:	5 Minuten vorheizen 4–5, backen 4–5
Strom:	200–225
Backzeit:	Etwa 15 Minuten

für die Füllung

750 g Äpfel schälen, vierteln, entkernen, in kleine Stücke
schneiden, mit

75 g Zucker
1 Messerspitze gemahle-
nem Zimt unter Rühren weich dünsten, abkühlen lassen
3 Eßl. Aprikosenmarme-
lade mit
75 g weicher Butter
1 Eigelb gut verrühren
1 Eiweiß steif schlagen
25 g (1 gut gehäufter
Eßl.) Zucker unterschlagen, die Eiweißmasse unter die Aprikosenbutter ziehen
²/₃ des restlichen Teiges zu einer Platte in Größe
der Springform (Durchmesser etwa 26 cm) ausrollen, in 16–20 gleichmäßige breite Streifen rä-
dern
den übrigen Teig zu einer Rolle formen, sie als
Rand auf den Boden legen, so an die Form
drücken, daß der Rand etwa 2 cm hoch wird
die Äpfel gleichmäßig auf dem Tortenboden verteilen, mit der Aprikosenbutter bestreichen, die
Teigstreifen gitterförmig über die Füllung legen

Gas:	5 Minuten vorheizen 4–5, backen 4–5
Strom:	200–225
Backzeit:	30–40 Minuten.

Berliner Apfeltorte

Für den Teig

300 g Weizenmehl 6 g (2 gestrichene Teel.) Backpulver Backin	mischen, auf die Tischplatte sieben, in die Mitte eine Vertiefung eindrücken
100 g Zucker 1 Päckchen Vanillin- Zucker Salz 1 Ei	hineingeben, mit einem Teil des Mehls zu einem dicken Brei verarbeiten
150 g kalte Butter oder Margarine, z. B. Sanella	in Stücke schneiden, auf den Brei geben, mit Mehl bedecken, von der Mitte aus alle Zutaten schnell zu einem glatten Teig verkneten, sollte er kleben, ihn eine Zeitlang kalt stellen etwa die Hälfte des Teiges auf dem Boden einer gefetteten Springform (Durchmesser etwa 26 cm) ausrollen, mehrmals mit einer Gabel einstechen
Gas: Strom: Backzeit:	5 Minuten vorheizen 3–4, backen 3–4 200–225 Etwa 15 Minuten
	für die Füllung
1 kg Äpfel	schälen, vierteln, entkernen, in Stücke schneiden, mit
75–100 g Zucker 1 Päckchen Vanillin- Zucker 1 gestrichenen Teel. gemahlenem Zimt ¼ l Weißwein	unter Rühren gar dünsten lassen
40 g Speisestärke (z. B. Gustin) 4 Eßl. kaltem Wasser	mit anrühren, die Apfelmasse damit binden die Füllung kalt stellen, mit Zucker abschmecken ⅔ des restlichen Teiges zu einer Platte in Größe

der Springform (Durchmesser etwa 26 cm) ausrollen
den übrigen Teig zu einer Rolle formen, sie als
Rand auf den Boden legen, so an die Form
drücken, daß der Rand etwa 3 cm hoch wird
die Füllung auf dem Tortenboden verteilen, die
Teigplatte darauf legen, in 12 Stücke einteilen

Gas:	5 Minuten vorheizen 3–4, backen 3–4
Strom:	200–225
Backzeit:	Etwa 20 Minuten

1 Eigelb	mit
1 EßL. kalter Milch	verschlagen, die Torte damit bestreichen
	für die Makronenmasse

1 Eiweiß	steif schlagen, es muß so fest sein, daß ein Mes-
	serschnitt sichtbar bleibt, darunter nach und
	nach
50 g Zucker	schlagen
50 g abgezogene, gemah-	
lene Mandeln	unterheben
	die Masse in einen Spritzbeutel mit Lochtülle
	füllen, auf die Tortenstücke spritzen

Gas:	5 Minuten vorheizen 3–4, backen 3–4
Strom:	200–225
Backzeit:	Etwa 10 Minuten.

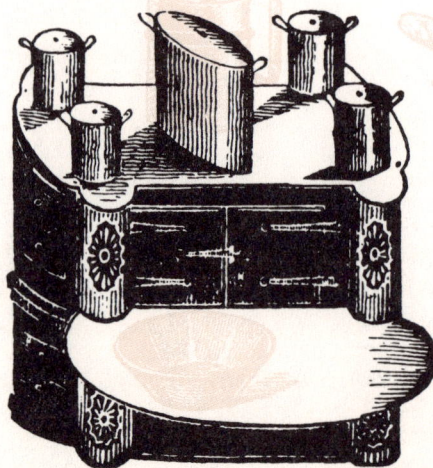

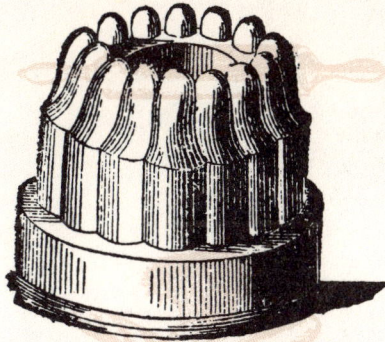

Gefüllter Napfkuchen

(Backform »Silvia«)

	Für den Teig
300 g Butter oder Margarine, z. B. Sanella	schaumig rühren, nach und nach
250 g Zucker	
1 Päckchen Vanillin-Zucker	
5 Eier	hinzugeben
250 g Weizenmehl	
125 g Speisestärke (z. B. Gustin)	
6 g (2 gestrichene Teel.) Backpulver Backin	mischen, sieben, eßlöffelweise unterrühren den Teig in die gefettete Napfkuchenform füllen
	für die Füllung
250 g gemahlene, leicht geröstete Haselnußkerne	mit
75 g Zucker	
1 Ei	
3 Eßl. Rum	
4 Eßl. Wasser	verrühren, auf den Teig geben, mit einer Gabel spiralförmig durch den Teig ziehen, so daß ein Marmormuster entsteht

Gas:	3–4
Strom:	175–200
Backzeit:	70–80 Minuten.

143

Apfelkuchen

	Für den Teig
150 g Speisequark	mit
6 Eßl. Milch	
6 Eßl. Speiseöl	
75 g Zucker	
1 Päckchen Vanillin-Zucker	
Salz	verrühren
300 g Weizenmehl	
1 Päckchen Backpulver Backin	mischen, sieben, die Hälfte davon unter den Quark rühren, den Rest des Mehls unterkneten den Teig auf einem gefetteten Backblech ausrollen
	für den Belag
1 Päckchen Pudding-Pulver Vanille-Geschmack	
20 g Speisestärke (z. B. Gustin)	
75 g Zucker	mit 6 Eßl. von
³/₈ l kalter Milch	anrühren, die übrige Milch zum Kochen bringen, von der Kochstelle nehmen, das Pudding-Pulver unter Rühren hineingeben, kurz aufkochen lassen, den Pudding während des Erkaltens ab und zu umrühren
¹/₈ l Sahne	
1 Eigelb	unter den etwas abgekühlten Pudding rühren
1 Eiweiß	steif schlagen, es muß so fest sein, daß ein Messerschnitt sichtbar bleibt, unter den Pudding heben, die Masse gleichmäßig auf dem Teig verteilen
1 ¹/₂ kg Äpfel	schälen, vierteln, entkernen, in Spalten schneiden, schuppenförmig auf den Pudding legen vor den Teig ein mehrfach umgeknicktes Stück Alufolie legen

Gas: 5 Minuten vorheizen 3–4, backen 3–4
Strom: 175–200
Backzeit: Etwa 35 Minuten

zum Aprikotieren

2 Eßl. Aprikosen-
Konfitüre   durch ein Sieb streichen, mit
1 Eßl. Wasser
1–2 Eßl. Aprikot-Brandy   aufkochen, sofort nach dem Backen den Kuchen
damit bestreichen.

Saftiger Zuckerkuchen

Für den Teig
500 g Weizenmehl   in eine Schüssel sieben, mit
1 Päckchen Dr. Oetker
Hefe   sorgfältig vermischen
75 g Zucker
1 Päckchen Vanillin-
Zucker
Salz
75 g zerlassene Butter
oder Margarine
¼ l lauwarme Milch   hinzufügen, alles mit einem elektrischen Handrührgerät mit Knethaken zuerst auf der niedrig-
sten, dann auf der höchsten Stufe in etwa 5 Minuten zu einem Teig verarbeiten, an einem warmen Ort so lange stehenlassen, bis er etwa doppelt so hoch ist, ihn dann mit dem Handrührgerät auf der höchsten Stufe nochmals gut durchkneten
den Teig auf einem gefetteten Backblech ausrol-

145

len, vor den Teig einen mehrfach umgeknickten
Streifen Alufolie legen

für den Belag

75 g Butter oder Marga-
rine
150 g Zucker

in Flöckchen gleichmäßig auf den Teig setzen
darüber streuen
den Teig nochmals an einem warmen Ort stehenlassen, bis er etwa doppelt so hoch ist, erst dann
in den Backofen schieben

Gas: 5 Minuten vorheizen 4–5, backen 4–5
Strom: 200–225
Backzeit: Etwa 20 Minuten

1 Becher (150 g) saurer
Sahne

nach etwa 15 Minuten Backzeit das Gebäck mit

bestreichen, weitere 5 Minuten backen lassen.

Honigkuchen

250 g Bienenhonig 100 g Butter oder Margarine, z. B. Sanella 10 g (1 gestrichener Eßl.) Kakao 2 gestrichene Teel. gemahlenen Zimt 2 gestrichene Teel. gemahlenen Ingwer 1 ½ Teel. gemahlene Nelken Salz	langsam erwärmen, zerlassen
	unterrühren, die Masse erkalten lassen
50 g gestoßenen braunen Kandiszucker (Grümmel) 50 g feingewürfelte Sukkade (Zitronat) 2 Eier 2 Eßl. Weinbrand einige Tropfen Backöl Zitrone	hinzugeben
200 g Weizenmehl 6 g (2 gestrichene Teel.) Backpulver Backin	mischen, sieben, nach und nach unterrühren den Teig in eine gefettete, mit Pergamentpapier ausgelegte Kastenform (etwa 30 × 11 cm) füllen

Gas:	3–4
Strom:	175–200
Backzeit:	Etwa 60 Minuten.

Früchtebrot

250 g Weizenmehl	in eine Schüssel sieben
100 g Zucker	mit
1 Päckchen Vanillin-Zucker	
½ gestrichenen Teel. Salz	
½ Teel. gemahlener Muskatblüte	
½ Teel. gemahlenem Zimt	
½ Teel. gemahlenen Nelken	hineingeben
250 g getrocknete Feigen	mit
200 g entkernten Datteln	
250 g gekochten, entkernten Backpflaumen	grob zerschneiden
50 g feingewürfelte Sukkade (Zitronat)	
50 g feingewürfeltes Orangeat	

die Früchte mit

100 g Haselnußkernen
100 g Walnußkernen
125 g Belegkirschen
125 g Butter oder Marga-
rine

zu der Mehlmischung geben

in einem kleinen Topf langsam erwärmen, zerlassen

6 Eßl. Milch
4 Teel. Zitronensaft
2 Eßl. Wasser
1 Fläschchen Rum-Aroma

hinzufügen, von der Mitte aus unter die Mehlmischung rühren

1 Ei

hinzugeben, den Teig abkühlen lassen

150 g Weizenmehl
1 Päckchen Backpulver
Backin

mischen, über den Teig sieben, unterrühren, den Teig in eine gefettete, mit Pergamentpapier ausgelegte Kastenform (etwa 34 × 11 cm) füllen

Gas: 3–4
Strom: 175–200
Backzeit: 75–90 Minuten.

Anmerkung: Das Früchtebrot 2–3 Wochen vor dem Verzehr backen, gut ausgekühlt in Alufolie einwickeln.

REGISTER

REGISTER